Paul Ch. Donders

Mitarbeiter fördern und fordern

Das Praxisbuch für Alltag und Beruf

Paul Ch. Donders

Mitarbeiter fördern und fordern

Das Praxisbuch für Alltag und Beruf

Schulte & Gerth

Best.-Nr. 815 710
ISBN 3-89437-710-0
2. Auflage 2002
Umschlaggestaltung: David Sörensen
Satz: Die Feder GmbH, Wetzlar
Druck und Verarbeitung: Schönbach-Druck
Printed in Germany

***Für Sylvia**,*
meine Frau, mein bester Freund,
die Mutter meiner drei Kinder.
Sie ist ein Coach, der aus tiefstem Wesen Menschen fördern und
sie in ihrer Würde und Bestimmung freisetzen will.

Danke

*Meinen Kindern **Jeroen, Vivian** und **Robin**,*
die es mir sehr leicht machen, sie zu lieben und zu glauben,
dass es sich wirklich lohnt, Menschen zu fördern und zu fordern.

*Meinen **Partnern** und **Freunden** im Power Management Team,*
mit denen ich seit 1987 sehr viel Spaß haben und
eine erfüllende Arbeit teilen darf.
Ihr seid eine Mannschaft, auf die man stolz sein und zählen kann.

Drei starken Frauen, die dieses Buch
in „echtes" Deutsch gebracht haben:
Simone Hahn, Stefanie Desoi** und **Birgit Feinstein.

*Und nicht zuletzt meinem **Himmlischen Vater**,*
von dem alle nennenswerten Ideen und Weisheiten kommen.

Inhalt

1. Einleitung

Warum Mitarbeiterführung?

Warum soll man Menschen überhaupt führen? Können sie sich nicht allein führen?

Mitarbeiterführung ist zunächst wichtig, damit ein Team Richtung findet und sich konzentriert.

Warum also führe ich? Man könnte den Mitarbeitern auch alles schriftlich geben – alles organisieren, ihnen eine Zielvorgabe geben und dann könnten sie darauf hinarbeiten.

Doch so funktionieren Menschen nicht: Ein Team ist ein lebender Organismus, nichts Statisches.

Etwa zu Beginn der 80er Jahre wurde gesagt: „Teamarbeit ist alles". Die Summe der Einzelnen bringt zu wenig, wir müssen als Team zusammenkommen.

Teamarbeit meint: Das Team ist produktiver – es bringt mehr, es kommt mehr dabei heraus, es macht mehr Spaß.

Ende der 80er Jahre gab es sehr viele Teamtrainings. Ganze Unternehmen wurden umstrukturiert und begannen, in Teams zu arbeiten.

1998 kamen die ersten Untersuchungen auf den Markt: Was haben uns jetzt zehn Jahre Teamarbeit gebracht? Die Realität war, dass sie überhaupt keinen Fortschritt gebracht hatten. Zwar waren bei einigen wenigen Firmen durchaus beachtliche Fortschritte zu verzeichnen, bei vielen jedoch gab es Rückschritte; und insgesamt gab es keinen positiven Entwicklungsgang. Teamarbeit scheint also nicht automatisch zu funktionieren. Wir sagen gerne: „Ein Team kann himmlisch schön, aber auch höllisch ätzend sein". Und das stimmt wirklich, denn Teams bestehen aus Menschen – und Menschen sind unvollkommen. Und wenn unvollkommene Menschen zusammenarbeiten, dann gibt es immer Schwierigkeiten.

Führen hat tatsächlich etwas damit zu tun, ein Team zusammenzubringen, eine Richtung zu geben und eine Spur anzuzeigen. Man kommt nicht darum herum. Wenn man Mitarbeiter hat, ist man entweder ein Team – oder man muss sich entscheiden, die Arbeit alleine zu bewältigen, was ohne Zweifel in vielen Punkten einfacher wäre. Aber wenn ich im Team arbeite, dann stelle ich mich der Herausforderung.

Dies hat etwas mit einer Vision zu tun und auch mit der Frage: „Wo wollen wir hin?" Führen heißt, Leuten vorauszugehen. Dabei gibt es zwei Arten von Führen:

Man kann von hinten führen oder von vorne. Aus dem Hintergrund oder von der Spitze weg. Es ist recht interessant, dies einmal geschichtlich zu untersuchen.

Seit jeher gab es Menschen, die von vorn führten. Sie standen an der Spitze. Und es gab immer Anführer, die haben von hinten geführt, beides mit sehr unterschiedlichen Ergebnissen. Betrachten wir einmal die Beispiele von zwei bekannten und bedeutenden Generälen: Wellington und Napoleon.

Napoleon hat immer von hinten geführt. Er saß auf seinem weißen Pferd auf einem Hügel und dirigierte seine Feldzüge und Schlachten strategisch. Wellington, sein Gegenüber in der Schlacht von Waterloo, hat immer von vorne geführt. Er saß auf seinem Pferd, ritt zwischen den Linien hin und her und war immer vorne mit dabei. Und Napoleon hat sich kaputtgelacht über ihn. Er fand ihn total lächerlich: „Der hat keine Ahnung, der soll sich hinten hinstellen und den Überblick bewahren." Und Wellington hatte ein schwieriges Team. Er hatte nämlich Deutsche, Engländer, Holländer – ein Chaotenteam – und musste sie alle gegen den mächtigen Napoleon anführen.

Napoleon hatte seine Nationalgarde, Männer, die total für ihn im Einsatz waren, und er war so überzeugt von seiner Strategie, dass er morgens vor dieser großen Schlacht sagte: „Männer, wir sehen uns um vier Uhr beim Tee in Brüssel." Das war klar für ihn – völlig klar.

Über die Schlacht von Waterloo ist ziemlich viel geschrieben worden. Sie ging über Stunden, und während dieser Stunden gab es 10 Minuten, in denen die Alliierten die Chance hatten zu gewinnen. Es waren nur 10 Minuten, und zwar in dem Moment, als die Nationalgarde – die Elitetruppe Napoleons – zu weit nach vorne trieb. Sie war so weit vorne, dass hinter ihnen ein Lücke entstand. Und weil Wellington immer vorne dabei war, erkannte er die Gelegenheit, dirigierte die Preußen um die Nationalgarde herum in diese Lücke hinein, und so schlossen sie den Gegner ein. Das war der Wendepunkt.

Interessant ist die Unterschiedlichkeit in der Persönlichkeit: Wellington war bekannt als ein sehr demütiger Mensch, der das Wohl seiner Soldaten als Höchstes schätzte. Napoleon schätzte als Höchstes den Sieg. Also – Napoleon hatte eine Vision und ein Ziel. Wellington hatte auch eine Vision und ein Ziel, aber er hatte zugleich einen fürsorglichen Blick für seine Leute.

Interessant ist es auch, wenn man über Werte beim Führen redet, zum Beispiel über christliche Werte, über das große Vorbild, wie Jesus Christus geführt hat: Er hat von vorne geführt. Er hat gesagt: „Folget mir nach!" Eine gute Führungsperson geht voraus und die Leute gehen mit. Ein solcher

Führungsstil prägt auch nachhaltig das Verhalten der Menschen, die geführt werden.

Ein wichtiger Punkt beim Führen ist die Frage: „Warum will ich führen?“ Eine gute Antwort ist: Um Mitarbeiter erfolgreich zu machen. Dies ist eine der Hauptaufgaben des Führens.

Mitarbeiter erfolgreich zu machen und nicht allein für den eigenen Erfolg zu sorgen – was sicher auch eine meiner Aufgaben ist; denn wenn ich führe, dann muss ich auch selbst erfolgreich sein. *Führen heißt, den Menschen zu helfen, ihre Aufgabe zu erfüllen und sie darin erfolgreich zu machen.* Das erfordert aber eine innere Einstellung: Will ich das? Was bedeuten mir Menschen? Sind Menschen für mich „Mittel zum Zweck“? Sind sie für mich kostbar?

Es spielt auch eine Rolle, wie ich ein Team sehe: Ist ein Team nur da, damit ich meine Ziele erreiche? Oder ist der Zweck eines Teams der, dass gemeinsam Ziele erreicht werden und sich die einzelnen Teammitglieder weiterentwickeln?

Es gibt mehrere Gründe für Mitarbeiterführung. Ich denke, eines ist klar, wenn man anfängt, darüber nachzudenken: Es ist auf jeden Fall keine einfache Angelegenheit. Es ist zweifelsohne weit einfacher Maschinen zu bedienen als mit Menschen zu arbeiten.

Wir hatten mal ein Seminar mit 16 Geschäftsführern von mittelständischen Unternehmen zwischen 25 und 1000 Mitarbeitern, und die 16 Führungskräfte, die dort saßen, erzählten zu Beginn von ihren Erwartungen. Einer sagte: „Ich bin hier, weil dieses Seminarthema ‚Erfolgreiche Bewältigung von Wachstumskrisen‘ lautet, und ich bin ferner hier, um herauszufinden, wie Wachstum funktioniert, damit ich es verhindern kann.“ Er fuhr fort: „Lasst uns mal ganz ehrlich sein. Ich habe das Unternehmen von meinem Vater mit 50 Mitarbeitern übernommen, jetzt, nach zehn Jahren, habe ich es erfolgreich zurückgefahren auf 25 Mitarbeiter – und das sind mir noch 24 zuviel.“

Die anderen wunderten sich nur noch. „Nun ja“, sagte er – übrigens ein ganz entspannter Typ – „lasst uns doch mal ehrlich sein und die Sache bei Tage besehen. Jeder Mensch ist ein potenzieller Problemfaktor. Ich habe Probleme genug, warum sollte ich mehr Menschen um mich herum haben wollen als wirklich nötig? Gib mir 25 Maschinen und einen Mitarbeiter und wir machen das.“ Alle Teilnehmer, die das hörten, hatten zumindest ein Glitzern in den Augen. Sie würden natürlich nie so etwas sagen, aber einen gewissen Wiedererkennungseffekt hatten alle.

Dieser Mann war vielleicht ein Stück weit ein „Brutalo“– in einem Punkt jedoch hatte er Recht: Jeder Mensch ist ein potenzieller Problemverursacher!! – weil er unvollkommen ist; und jede Führungskraft ist unvollkommen und ein großer potenzieller Problemfaktor. Und wenn all die Problemverursacher zusammenkommen – tja, dann gibt es eine Multiplikation an Problemmöglichkeiten – und das ist eine echte Herausforderung.

Es ist ja so, dass, wenn wir Mitarbeiter auf eine menschenwürdige Art und Weise führen wollen, wir uns auch persönlich für sie öffnen müssen. Eine Führungskraft muss Vertrauen finden bei den eigenen Leuten. Ohne Vertrauensbasis läuft nichts. Vertrauen ist das A und O jeder Unternehmens- und Mitarbeiterkultur, die Erfolg verbuchen möchte. Und wie kann Vertrauen entstehen, wenn die Leute einen nicht kennen? Also muss ich mich öffnen – zwangsläufig. Wenn ich mich aber öffne gegenüber unvollkommenen Menschen, werden sie dieses Sich-Öffnen irgendwann einmal missbrauchen – das bleibt sicherlich nicht aus.

Es geht gar nicht anders, weil wir Menschen nicht perfekt sind. Das heißt, wenn ich führe und das auf eine menschenwürdige Art und Weise machen will, dann muss ich mich darauf einstellen, dass ich mein Leben lang verletzt werde. Und die einzige Art, damit umzugehen, ist entweder: „Das passiert mir nicht mehr!" – ich baue Mauern um mich herum; ich lasse Leute nicht mehr an mich heran und führe hinter meiner Mauer und gebe Befehle und Aufträge und zieh das Ding durch – oder ich entscheide mich, mit diesen Menschen und mit mir selbst umzugehen, täglich zu lernen, zu vergeben, Konflikte zu klären, offen zu sein, klare Verhältnisse zu schaffen. Aber das ist ein Stück Leidensweg. Das muss man ehrlich sagen. Alles andere ist Augenwischerei. Führen und Leiden gehören zusammen.

Es gibt zwei Optionen: Entweder ein Stück weit den Leidensweg gehen, und dann aber auch sehr viel Spaß haben an dem Ergebnis und den Beziehungen, die dort entstehen und wachsen können, am Erfolgreich-Machen von Mitarbeitern. Oder aber Mauern um mich herum hochziehen, Sicherheit und klare Verhältnisse schaffen, aber dann auch nur auf eine ganz bestimmte Art und Weise – und sehr eingeschränkt – zu führen.

Sie bemerken das Spannungsfeld. Es gibt natürlich sehr viele Führungskräfte, denen wir begegnen, in Unternehmen wie in größeren Missionsgesellschaften, Kirchen oder Krankenhäusern. Dort begegnen wir beiden Typen. Wir begegnen in der Regel mehr Menschen mit Mauern, die irgendwann gesagt haben: „Ihr könnt mir mal alle den Buckel runterrutschen – mit mir nicht!" Das ist sicher schade, denn das hat auch Folgen. Vertrauensschwund ist die Konsequenz. Man hat immer weniger Vertrauen, kann immer weniger führen. Abschottung macht den Vertrauensfaktor klein.

Halten wir also fest: Weil Menschen so unberechenbar sind – wir brauchen ja nur mal uns selbst anzuschauen –, ist Führen eine dynamische, knallharte, systematische Angelegenheit. Aber um uns ein bisschen zu helfen, müssen wir es doch irgendwie ein wenig konkreter machen.

Führen als Prozess

Wir haben versucht, Dinge zusammenzufassen. Was gehört zum Führen dazu?

Ich bin schon vielen Leuten begegnet, die Menschen führen und es wirklich gut machen wollen; sie wollen das Beste tun, aber sie leben immer mit einer Art schwarzen Wolke über sich. Auf dieser schwarzen Wolke steht: „Nie gut genug“. Das sind sehr liebevolle Menschen, sie sind relativ glücklich, aber über ihnen befindet sich stets eine Wolke, auf der steht „Nie gut genug“.

Das bedeutet: „Als Führungskraft müsste ich eigentlich noch viel mehr tun. Ich müsste netter sein, besser sein, mehr Ziele im Kopf haben, mich selbst besser organisieren. Ich müsste alles Mögliche tun. Und weil ich das nie erreiche, muss ich einfach damit leben, dass ich nie gut genug bin.“

Es ist aber gefährlich, wenn ich beständig mit dem Gefühl lebe „es reicht nicht“. Denn so kann man einfach nicht genießen, was man geschafft hat.

Deswegen sagen wir: Diese Wolke muss weg! Das „nie gut genug“ müssen wir ersetzen durch lösbare Zielvorgaben, lösbare Aufgaben.

Die „Schwarze Wolke“ steht für alles, was man eigentlich tun sollte:

Die Wolke ist geordnet nach den drei Bereichen, in denen ich dieses Jahr trainieren und Fortschritte machen will.

Also: Es gibt für mich als Führungskraft ein Paket, und in diesem Paket ist alles drin, was zu tun ist. Und diese Dinge, die hier zu tun sind, die kann ich zumindest mal beschreiben und übersichtlich definieren und ich kann Stück für Stück diese Dinge erlernen. Versuchen Sie nicht, alle Teile von diesem Paket auf einmal zu lernen, sondern fragen Sie sich, welche Dinge Sie angehen wollen. Wählen Sie nicht mehr als drei Dinge. Sie sollten in Ihre Situation passen und machbar sein.

Ich formuliere also ein Jahresziel und sage mir: Den Rest des Jahres will ich mich mit diesen drei Dingen beschäftigen, die anderen Dinge lasse ich einfach mal stehen. Bis heute haben wir auch alle überlebt. Also werden wir auch ein weiteres Jahr überleben. Aber an diesen drei Dingen arbeite ich und lerne, mache daraus Instrumente, die ich auch beherrsche. Wenn das läuft, kann ich das nächste Jahr überlegen, welche nächsten drei Punkte ich angehe.

Aber ich muss diese Wolke namens „nie gut genug" loswerden. Zunächst habe ich also zu definieren: Was bedeutet überhaupt „gut genug"? Und dann muss ich anfangen, einzelne Teile herauszugreifen und umzusetzen.

Wie kann das aussehen?

Wir sagten: Führen ist ein Prozess. Es markiert eben nicht nur eine Sache oder einen statischen Zusammenhang, sondern eben einen Prozess, der sich beständig weiterentwickelt.

Dieser Prozess besteht aus unterschiedlichen Bereichen. Wir nennen hier zunächst die fünf klassischen Bereiche des Führens und sehen uns dann drei davon an, die direkt mit Mitarbeiterführung zu tun haben. Anschließend wollen wir die Unterpunkte gemeinsam durcharbeiten.

Die erste Aufgabe der Führung lautet Planung.

Wenn ich ein Team führe, muss ich Ziele planen und erreichen, muss koordinieren, um herauszufinden, was wir eigentlich wollen.

Planung heißt: Ich brauche eine Vision. Dies gilt übrigens auch für eine Abteilung, oder für eine Intensivstation. Die Vision klärt die Frage: Was wollen wir in den nächsten fünf Jahren erreichen? Wo möchten wir Qualität

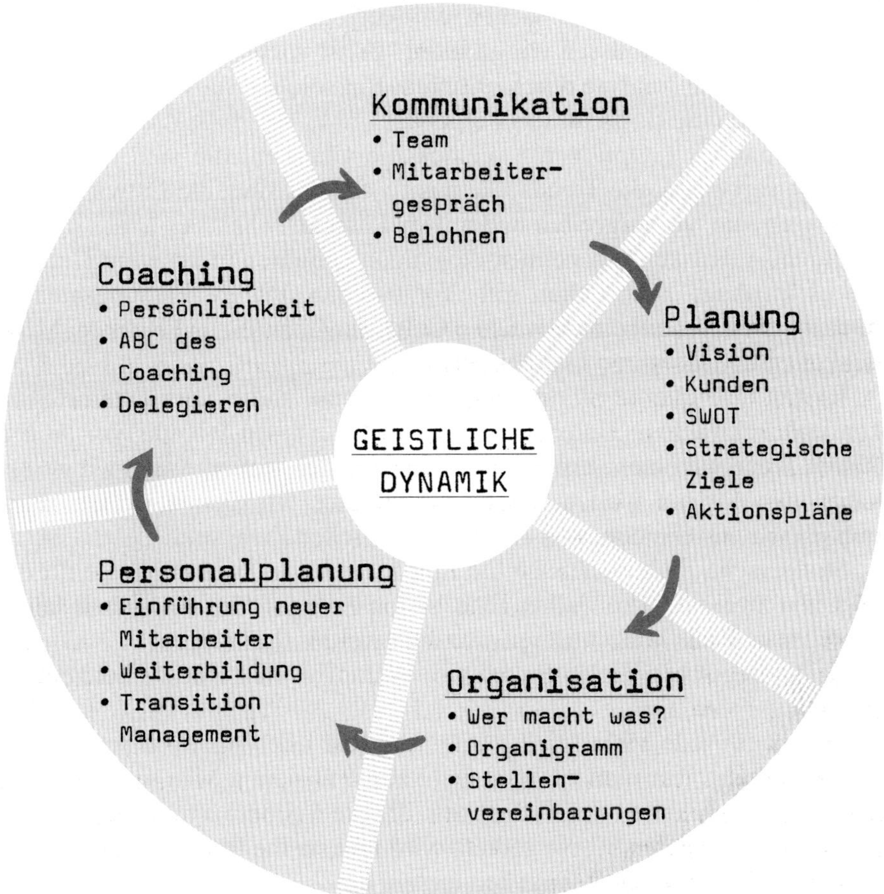

haben? Wie möchten wir die Zusammenarbeit haben? Wie möchten wir unsere Kunden bedienen? Was ist unsere Vision für die kommenden fünf Jahre?

Wenn die Vision klar ist, muss ich mir Gedanken machen über den Kunden. Das gilt auch etwa für einen Hauskreis. Hauskreisleiter müssen sich Gedanken darüber machen, was sie in fünf Jahren erreichen, welchen Menschen sie dienen wollen. Was für Menschen sind das, mit denen sie Kontakt haben? Welche Bedürfnisse haben sie? Und was können wir als Hauskreis bieten, um den wichtigsten Bedürfnissen zu begegnen?

Wenn wir uns Gedanken über den Kunden gemacht haben, müssen wir uns Gedanken machen über vier Aspekte, die in dem Wort „SWOT“ zusammengefasst sind: Das steht für Strength, Weaknesses, Opportunities und Threats – und das heißt: Stärken, Schwächen, Möglichkeiten und Risiken.

Im Blick auf Stärken und Schwächen gilt es, intern zu fragen: Was sind bei uns die Stärken, was machen wir gut? Und: Was sind bei uns die Schwächen, woran müssen wir arbeiten? Es ist wichtig, eine Übersicht zu bekommen, eine Analyse durchzuführen. Ein solches Stärken-Schwächen-Profil ist auch die Basis für das Folgende.

Opportunities („Optionen“) meinen die Chancen, die sich in unserer Umwelt verbergen, die Trends, die positiv für uns sind, die Entwicklungstendenzen, die wir aufgreifen und nutzen können.

Threats („Risiken“) benennen diejenigen Gefahren in unserem Umfeld, die es im Auge zu behalten gilt. Vorausschau, integre Planungsabläufe funktionieren nur mit einem wachen Geist, der Chancen und Risiken, Möglichkeiten und Gefahren klar besieht.

Es gibt also interne Stärken und Schwächen, und es gibt externe Stärken und Schwächen. Und alle vier Bereiche müssen wir uns vor Augen führen, wenn wir einen vernünftigen Plan erstellen wollen. Wenn wir gesagt haben, wo wir hin wollen, welchen Menschen wir dienen wollen, dann müssen wir entscheiden, was unsere strategischen Ziele sind.

Strategische Ziele benennen die fünf bis zehn wichtigsten Ziele für die nächsten zwei oder drei Jahre. Eine Vision zielt auf fünf bis sieben Jahre, strategische Ziele konzentrieren sich auf zwei bis drei Jahre.

Bei strategischen Zielen fragen wir: Worauf wollen wir uns konzentrieren?

Es gibt für jede Vision, jede Abteilung und jede Organisation etwa 50 wichtige Ziele, aber man kann sie nicht alle realisieren. Man muss wenige, aber strategisch sinnvolle Ziele haben, die die Vision nach vorne bringen, wodurch den Kunden besser gedient wird und sie die Realität, unseren Ist-Zustand sehen und damit umgehen lernen.

Strategische Ziele müssen jeweils in *Aktionspläne* übersetzt werden. Das bedeutet: Welche Schritte müssen wir für jedes einzelne strategische Ziel gehen, um es zu erreichen?

Nehmen wir ein Beispiel: Sie verwalten ein Heim und sagen sich: Strategisches Ziel ist, dass wir in den nächsten drei Jahren zwei Seminarräume neu gestaltet haben; der Aktionsplan wäre dann, sich vor Augen zu malen, was alles geschehen muss, bis das passiert. Es ist zu klären, wer für die einzelnen Schritte der Umsetzung verantwortlich zeichnet. Hinter jedem Schritt steht jeweils ein Name, verbunden mit dem Hinweis, wann dieser Schritt fertig sein wird, hinter jeden Namen kommt also ein Datum und was es kosten wird.

Hinter jeden Namen und jedes Datum wird also ein €-Zeichen gesetzt mit den Angaben, was die geschätzten Kosten für die konkreten Schritte sein werden.

Das alles zusammen ergibt einen Aktionsplan, d. h. ich habe jeweils einen konkreten Plan pro Ziel. Dann erst kann ich wirklich von Planung sprechen.

Führen heißt: Darüber nachdenken, wo ich hin will, Ziele formulieren und sie ausarbeiten.

Am Besten mache ich das gemeinsam mit meinem Team, und nicht allein. Wenn ich es nur für mich allein mache, bin ich auch allein verantwortlich für die Realisierung. Die Verpflichtung zur Umsetzung liegt also in diesem Falle ganz bei mir. Mein Team sagt dann etwa: „Ja, ein schöner Plan – haben Sie schön gemacht, Herr Müller, also wunderbar; wir werden mal schauen, ob das auch hinhaut."

Wenn ich das mit meinen Mitarbeitern mache – natürlich nicht mit 20, aber z. B. mit etwa fünf bis sieben –, dann entwickeln wir gemeinsam strategische Ziele sowie ein gemeinsames Verantwortungsgefühl.

Führen fängt mit dem Planen an, und es ist wichtig zu sehen: genau hier muss man einsteigen, das ist ein Teil des „Pakets". Hier beginnt alles, jeder Folgeschritt hat hier seinen Ursprung.

Die zweite Aufgabe des Führens ist das *Organisieren*. Denn ohne Organisation bleibt ein Plan eben nur ein Plan. Und ohne Strategie bliebe jede Organisation irgendwo sinnlos.

Wenn ich also eine klare Strategie, einen klaren Plan habe, dann muss ich natürlich aufgrund von diesen Zielen und diesem Plan meine Struktur neu überdenken.

Manche Leute lieben Strukturen, sie wollen alles hervorragend organisieren. Aber eine Superorganisation ohne Ziel ist sinnlos. Es gab z. B. eine starke Firma in Dortmund, die unter einem anderen Namen immer noch existiert. Sie sagten sich eine Zeit lang: „Wir funktionieren am besten, wenn wir keine Aufträge haben. Wenn kein Kunde uns stört, funktionieren wir richtig gut." Das war ein großes Unternehmen mit einer Menge Mitarbeiter, alle hervorragend organisiert, miteinander vernetzt und exzellent koordiniert bei optimalem Kommunikationsniveau. Das funktionierte ideal, wenn keine Kunden kamen. Da wurden sie nicht gestört. Das könnte ein Jahr lang so laufen, ohne dass jemand es merken würde.

So eine Art von Organisation macht aber keinen Sinn. Eine Organisation folgt immer einer Strategie. Man muss erst wissen, wo man hin will, und dann kann man eine sinnvolle Organisation dafür entwickeln.

Organisation heißt: Ich muss klären, wer was macht. Dabei hilft mir ein Organigramm, d.h. – eine Übersicht mit kleinen Aufgabenfeldern.

Hier geht es nicht nur darum, wer was macht, sondern auch wer für wen und welche Bereiche verantwortlich ist.

Ein Organigramm ist ein gutes Hilfsmittel, um Strukturen transparent zu machen und Verantwortlichkeiten zu klären. Aber es muss so einfach wie möglich sein.

Einer meiner Freunde arbeitet in einem großen Softwareunternehmen mit Verkäufern und Programmentwicklern.

Dieses Softwarehaus mit ca. 600 Mitarbeitern – das ist relativ groß für Holland – hat einen besonderen Mann an der Spitze, der das Unternehmen leitet. Als Chef zieht er sich jeweils zwischen Weihnachten und Neujahr zurück und philosophiert über die nächsten fünf bis sieben Jahre. Seine Stärke besteht darin, dass er unglaublich intuitiv ist. Er spürt, wo sich Trends abzeichnen, wohin die Entwicklung geht. Das ist lebenswichtig in der Softwarebranche; man muss wissen, wo das Ganze sich hinentwickelt.

Dann schreibt er eine kleine Geschichte – einen kleinen Roman, meistens ca. drei bis fünf Seiten, was passieren wird im Jahr 2007. Und mit diesem Roman kommt er dann Anfang Januar mit allen 600 Mitarbeitern zusammen und liest ihn vor. Und das macht er jedes Jahr. Dieser Roman ist eine Vision. Wenn er diesen Roman vorgelesen hat, sagt er: „Das ist jetzt die Vision." Er ergänzt diese Vision dann durch einige klare Angaben, was für ihre Umsetzung geschehen muss.

Die für die jeweiligen Bereiche verantwortlichen zwölf Businessmanager erhalten den Auftrag, innerhalb von zwei Wochen eine Strategie für das nächste Jahr sowie eine entsprechende Struktur zu formulieren.

Dann hat das ganze Unternehmen zwei weitere Wochen Zeit (die zweite Januarhälfte), um sich umzustrukturieren. Und ab 1. Februar muss alles funktionieren. Dann wird wieder gearbeitet. So etwas möchte ich Ihnen nicht wünschen. Es erfordert ein hohes Maß an Flexibilität, Reflexion und strategischem Arbeiten. Und wir haben hier sicher ein Extrembeispiel vor uns. Diese Firma funktioniert so, und zwar sehr erfolgreich. Sie sind jedes Jahr sehr direkt am Marktgeschehen, ganz nah am Puls der Entwicklung und beobachten ständig, was um sie herum passiert. Sie wachsen, sind erfolgreich – aber nicht jeder hält es dort auf Dauer aus.

Können Sie sich das vorstellen?

Ist das nicht ein Widerspruch zur gemeinsamen Entwicklung von Zielen? Nein, nicht unbedingt: Als Chef gibt er die Vision vor. Ich persönlich würde die auch im Team erarbeiten, aber er ist so ein intensiver Typ, bei ihm scheint das zu passen.

Er beschreibt zwar die Vision, aber dann geht er in die Realisierungsphase – und das Folgende macht er ja dann engagiert mit seinen Businessmanagern gemeinsam.

Was ich damit sagen will: Organisation wird in der Zukunft flexibler sein, anders sein als das, was wir vor 30 Jahren hatten, das ist klar. Aber es muss vor allen Dingen einfach sein. Und es muss funktionieren. Eine Organisation, die nicht funktioniert, ist Unsinn.

Schauen wir nochmals kurz auf den aktuellen Stand: Das Organigramm klärt also, wer was macht. Dann werden Stellenvereinbarungen (nicht Stellenbeschreibungen!) erarbeitet:

Man klärt gemeinsam mit dem jeweiligen Mitarbeiter, was genau zu machen ist, welches die konkreten Ziele und die damit verbundenen Aufgaben sind.

Früher gab es Stellenbeschreibungen. Vielleicht kennen Sie das noch; dabei wurde beschrieben, was man im Rahmen dieser spezifischen Stelle leisten sollte. Das macht heutzutage keinen Sinn mehr, weil sich die Mitarbeiter dann darauf berufen und nur das Vorgegebene machen. Man trifft stattdessen Stellenvereinbarungen, in denen ich selbst mitdefiniere, was von mir zu erwarten ist und worin das Ziel für meine Stelle für das jeweilige Jahr besteht. So kann ich meine Stelle mitregeln und sehe auch: Da ist Dynamik drin, ich darf weit darüber hinausgehen, was ich machen muss. Das Ziel ist jetzt, das Ziel zu erreichen; nicht die Stelle auszufüllen.

Das bedarf einer Klärung. Diesen Bereich werden wir jedoch jetzt nicht weiter vertiefen. Das wäre Planung und Organisation, was wesentlich zum Führen mit dazugehört.

Der dritte Schritt ist nun das *Personal*. Jetzt kommen wir zum Thema Personalplanung.

Bis jetzt haben wir die Strategie, das Theoretische, wir haben die Organisation, die Strukturen, jetzt geht es um die Menschen. Welche Menschen sollen das machen und wie sollen sie es machen? Wie führen wir sie hinein?

Dazu schauen wir uns drei Themen an:

Das erste Thema ist die Einführung: Wie führe ich einen Mitarbeiter in mein Unternehmen, in mein Team ein? In dieser Phase wird größtenteils entschieden, ob dieser Mitarbeiter ein Insider oder ein Outsider sein wird.

Und wir brauchen viele Insider, Menschen, die sich verantwortlich fühlen.

Das zweite Thema ist Transition Management: Wie führe ich mein Team durch Veränderungen hindurch?

Das dritte Thema ist dann Weiterbildung: Das bedeutet, dass ich als Führungskraft verantwortlich bin, darüber nachzudenken, wie meine Leute weitergebildet werden, wie sie sich weiterentwickeln. Wie sorge ich dafür, dass meine Leute erfolgreich werden, dass sie in einem Prozess des Lernens bleiben?

Das sind also die drei Aufgaben der Personalplanung, die zum Bereich Mitarbeiterführung gehören. Und hier geht es jeweils um Menschen.

Der vierte Schritt in dem Ganzen heißt dann *Coaching*. Wenn Mitarbeiter da sind, müssen sie auch geführt werden. Die Frage lautet nun: Wie führe oder coache ich meine Leute?

Es gibt hierbei drei Rubriken:

Erstens Persönlichkeit: ich führe so, wie ich bin – und jeder sollte so führen, wie er ist. Authentizität zählt. Der Führungsstil muss der Persönlichkeit entsprechen.

Niemand sollte versuchen, jemand anderes zu sein, sondern man sollte so führen, wie man ist. Allerdings haben jede Persönlichkeit und jeder Führungsstil ihre Vor- und Nachteile. Das bleibt nicht aus. Niemand ist perfekt. Ich muss lernen, meine Vorteile zu erkennen und sie beim Führen einzusetzen; meine Schwierigkeiten zu erkennen und sie zu begrenzen.

Also gilt es, Stärken zu fördern, Schwächen zu begrenzen!

Zweitens nun das ABC des Coaching: Wie funktioniert es? Einfach ausgedrückt: Coaching ist, jemand anderem zum Erfolg zu verhelfen. Mitzuwirken, jemanden erfolgreich zu machen.

Und wie funktioniert das?

Zu diesem ABC gehören genau drei Dinge: Ziele vereinbaren, Lob aussprechen und konstruktive Korrektur. Ein guter Coach wird mich begleiten auf diesem Weg, mich korrigieren und positive Tendenzen verstärken.

Konkrete Ziele müssen also formuliert werden, ehrliches Lob und Rückmeldung sind nötig, und auch konstruktive Korrektur darf nicht fehlen.

Der dritte Punkt nun ist das Delegieren. Wenn ich jemals meine Ziele erreichen will, muss ich natürlich lernen zu delegieren. Ich kann nicht alles allein machen. Ich muss so delegieren, dass andere eingebunden sind und selbstständig Dinge tun. Doch man sollte nicht nur abgeben, sondern Mitarbeiter auch ausbilden, dass sie etwas mit Begeisterung und mutig tun können. Das geht nur Schritt für Schritt.

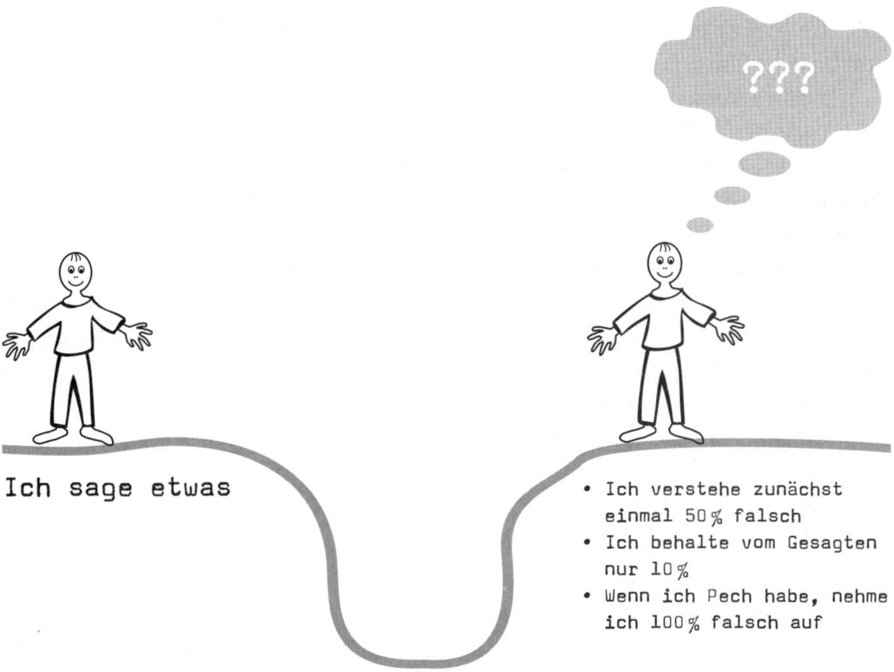
???
Ich sage etwas
• Ich verstehe zunächst einmal 50 % falsch
• Ich behalte vom Gesagten nur 10 %
• Wenn ich Pech habe, nehme ich 100 % falsch auf

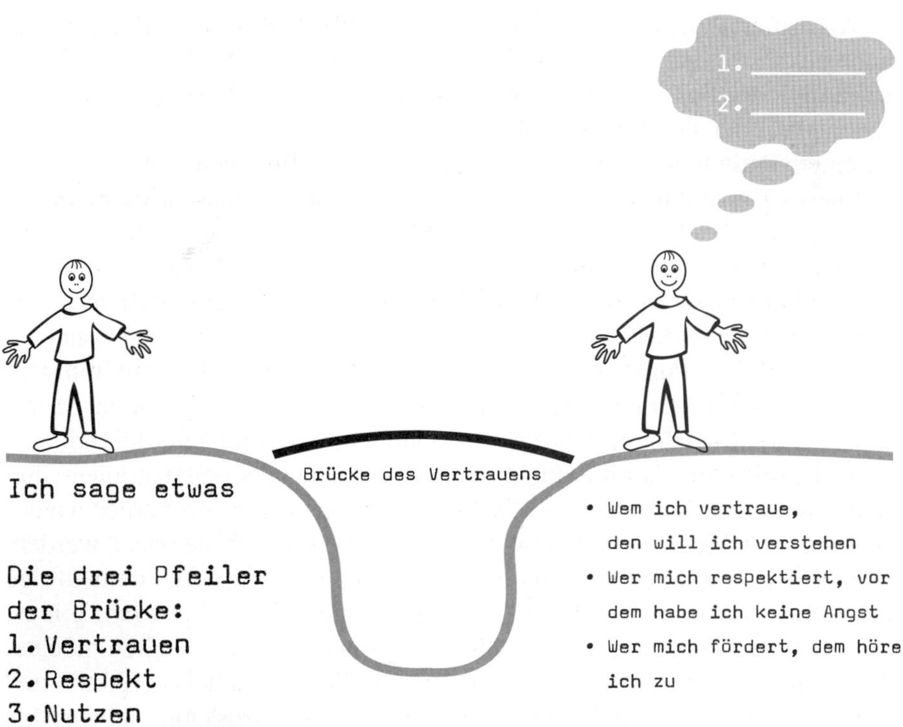
1.
2.
Brücke des Vertrauens
Ich sage etwas
Die drei Pfeiler der Brücke:
1. Vertrauen
2. Respekt
3. Nutzen
• Wem ich vertraue, den will ich verstehen
• Wer mich respektiert, vor dem habe ich keine Angst
• Wer mich fördert, dem höre ich zu

Der fünfte Punkt in dem gesamten Prozess lautet *Kommunikation*. Hierzu gibt es drei Unterpunkte.

Erstens: Wenn ich mit Menschen zusammenarbeite, hat alles mit Kommunikation zu tun.

Das ist logisch und natürlich. Man sollte bedenken: 50 % von allem, was ich sage, wird falsch verstanden. Und von dem, was ich sage, behält mein Gegenüber nur 10 %.

Wenn er also 10 % von 50 % falsch Verstandenem behält, dann behält er 100 % falsch. Das ist Normalität bei der Kommunikation. Dann reden wir noch nicht von negativen Verhältnissen. Wenn zwischen zwei Menschen negative Verhältnisse herrschen, dann kann bis zu 90 % falsch verstanden sein, aber normal sind 50 %.

Kommunikation ist eine Schlüsselkunst im Führen von Menschen. Und dabei reden wir über drei Dinge.

Zunächst vom Team: Wie kommuniziere ich mit einem ganzen Team, also mit mehreren Leuten gleichzeitig?

Ferner sind die Mitarbeitergespräche zu nennen: Wie kommuniziere ich eins zu eins bei diesem einen Mitarbeiter, den ich führe? Wie führe ich solche Gespräche? Wie bereite ich mich da vor? Wie sinnvoll ist es? Wie oft mache ich das? Wie mache ich es einfach?

Als dritter Aspekt muss auch das Belohnen bedacht werden: Belohnen ist auch eine Form von Kommunikation, die ganz wichtig ist. Das ist nicht als beiläufige Nettigkeit abzuhandeln, sondern das Belohnen ist ein fester Bestandteil der Führungsaufgabe. Eine „Kultur des Belohnens" kann viel zu einem entkrampften, positiven Unternehmensklima beitragen.

Dieses ganze Paket, das wir jetzt definiert haben, müssen Sie nicht auf einmal umsetzen, aber Sie sollten herausfinden, was die zwei oder drei Sachen wären, die zu Ihnen passen, die für Sie persönlich wichtig sind und die Sie lernen bzw. verbessern möchten. Es gibt gute Literatur zu verschiedenen Themen in diesem Kontext, die Sie gerne bei uns erfragen können.

Ein wichtiger Punkt ist noch der Prozess des Führens. Er fängt mit dem Planen an, denn wenn ich keinen Plan habe, dann würde ich meine Mitarbeiter in die Irre führen. Ich muss also wissen, wo es hingeht. Ich brauche eine Organisation, damit Leute ihren Platz finden und arbeiten können, und ich muss meine Leute führen. Das ist ein Prozess, den ich immer wieder neu anfange. Auch der Planungsprozess sollte jährlich gemacht werden. Einmal pro Jahr braucht es eine Überarbeitung des Plans, und demzufolge einmal pro Jahr eine Ergänzung der Organisation: Einmal pro Jahr gilt es, der Frage nachzugehen, wie ich meine Personalplanung gestalten möchte. Neue Mitarbeiter einführen, sie weiterbilden. Wie will ich das effektiv tun? Coaching und Kommunikation ist ein beständiger Prozess mit meinen Mitarbeitern. Ein permanenter Prozess, der immer wieder neu durchdacht werden muss.

In der Mitte finden wir einen Kreis, und da passt noch etwas hinein. Das nenne ich jetzt *„Geistliche Dynamik"*. Das heißt: Führen ist nicht nur eine technische Angelegenheit, sondern es hat auch eine Seele: Es geht um eine innere Bereitschaft, eine innere Hingabe.

Die geistliche Dynamik muss jeder für sich bestimmen, woher er die geistliche Kraft holt, was ihn motiviert. Und das bestimmt letzten Endes auch die Kultur des Ganzen. Es reicht nicht, alles sauber und ordentlich zu tun. Das Ganze braucht eine innere geistliche Dynamik. Das bedeutet, als Führungskraft haben Sie die Verantwortung, Ihr eigenes geistliches Leben zu formen, es so zu führen und zu füllen, dass es eine Dynamik besitzt. Wenn es innerlich austrocknet, wird außen nur noch Technik sein. Die innere Dynamik beeinflusst alles, was Sie tun. Achten Sie darauf, diesen inneren Flow zu behalten und in einem Prozess geistlicher Dynamik zu bleiben.

In der Bibel gibt es ein gutes Beispiel im Leben des Mose.

Mose hatte eine flache Organisation: 600 000 Leute . . . – und dann er. Er war hochintelligent, bestens erzogen und ausgebildet, eine rundum charismatische Führungspersönlichkeit.

Er war demütig wie kein anderer. In der Bibel steht: „Gott sagte zu ihm: Du bist der demütigste Mensch der Welt". Er war also eine Top-Führungsperson, aber er hatte eine schlechte Organisation. Da kommt sein Schwiegervater namens Jethro, sieht sich das einen Tag lang an und sagt: „Mose, Junge, du hast ein Problem." „Ja", sagt Mose, „das weiß ich schon lange. Aber was kann ich machen?" Und Jethro sagt: „Sieh' mal, du verbringst den ganzen Tag mit 600 000 Leuten – das ist eine unglaublich lange Schlange. Alle wollen etwas von dir, du bist nur am Feuerlöschen. Du rennst nur hinter den Leuten her, damit sie ihre Sache geregelt kriegen, und sie rennen hinter dir her."

Und er sagte: „Alle – du als Führungsperson sowie alle Mitarbeiter – werden müde und kraftlos." Interessant zu beobachten: Obwohl die Mitarbeiter nichts zu tun hatten, wurden sie dennoch müde und kraftlos. Aber das ist trotzdem sehr verständlich: In der Wüste stehen, in der langen Schlange, das macht den härtesten Krieger müde.

Mose war also ein „Superheld", ein „Superbrain", dazu ein hingegebener Mensch, ein wirklich herausragender Leitertyp. Aber er hatte eine äußerst miserable Organisation, die nicht funktionierte.

In dieser Situation sagte Jethro vier Dinge, die Mose tun sollte. Er gibt dann eine Stellenvereinbarung für eine Führungsperson. Er sagt: „Du musst eine Strategie entwickeln und genau wissen, wo das Ganze hingeht. Du musst eine gute geordnete, flache Organisation schaffen, die eine gute Aufgabenverteilung bietet. Deine Leute brauchen Führung. Deine Aufgabe ist es nun, die richtigen Mitstreiter zu finden und sie anzuleiten. Und du solltest Fürbitte tun für das Volk – eine geistliche Verantwortung tragen."

Interessant dabei ist: Das ist ca. 3000 Jahre her.

Da war einer, Moses Schwiegervater, der hatte ihm eine kurze Beratung gegeben und eine klare Übersicht, was wichtig war. Und Mose reagierte klug und handelte entsprechend. Und so ging es wieder weiter.

Führen ist ein Prozess. Lassen Sie sich aber nicht erschlagen von dem umfangreichen Paket, was man alles machen müsste. Sondern gehen Sie durch die einzelnen kleinen Schritte und schauen Sie, was Ihnen interessant erscheint. Lassen Sie sich nicht unter Druck setzen, dass man jetzt alles machen müsste, sondern überlegen Sie in aller Ruhe für sich, was wichtig ist – aber bitte nicht mehr als drei Dinge.

2. Personalentwicklung

Die Einführung neuer Mitarbeiter

Wenn ein Mitarbeiter zu einem Unternehmen hinzukommt, dann tritt er in eine völlig neue Kultur ein. Jedes Unternehmen besitzt eine spezifische Kultur, wie Dinge betrachtet und getan werden, wie man denkt, wie man arbeitet. Wenn jemand in eine neue Kultur hineinkommt, muss er sich entscheiden: Will ich Teil dieser Kultur werden oder nicht?

Wenn jemand eingeführt wird, dann entscheiden die ersten paar Stunden (manchmal auch vielleicht schon Minuten) häufig darüber, ob man ein Insider oder ein Outsider wird.

Über diese beiden Begriffe geht es im Folgenden: *Insider* und *Outsider.*

Ein Insider in einer Firma oder in einem Unternehmen ist jemand, der von „wir" spricht. „Wir wollen dies oder jenes machen." „Wir sind ein Team." Er redet also vom Team.

Ein Insider ist jemand, der auf seiner Ebene mit seinen Möglichkeiten unternehmerisch denkt. Das ist sehr unterschiedlich: Jemand an der Drehbank wird anders unternehmerisch denken als jemand, der die Abteilung Verkauf führt. Aber jeder kann auf seine Art und Weise unternehmerisch denken. Eine Krankenschwester auf der Intensivstation kann unternehmerisch denken oder nicht. Unternehmerisch heißt für mich nicht geldorientiert – das ist mir wichtig. Es geht nicht um Geldorientierung, sondern um eine Unternehmens-Bau-Orientierung sowie um Kundenorientierung.

Halten wir also fest: Insider reden von „wir", vom „Team" – und sie denken dabei unternehmerisch; Insider sind daher offen für Bewegung. Denn sie wissen, auch wenn sie vielleicht von ihrem Persönlichkeitsprofil her lieber alles stabil haben möchten, so raubt uns alles Statische die nötige innovative Energie. Wenn wir weiter wollen, müssen wir uns bewegen.

Outsider reden von „die": „die Leute" hier oder „die Geschäftsführung" dort. – Sie vermeiden das Wir. Outsider wahren einen Besitzstand, sind eher vorsichtig und beobachtend.

Insider können zwar ebenso vorsichtig und beobachtend sein, aber Outsider sind es immer. Sie lassen stets Vorsicht walten und sind auf einem Beobachterposten. Sie gehen immer auf einen kleinen Hügel, schauen, was so alles im Unternehmen passiert. Das ist natürlich eine Karikatur. Es gibt

Mitarbeitereinführung: Insider – Outsider

Organisation „A"

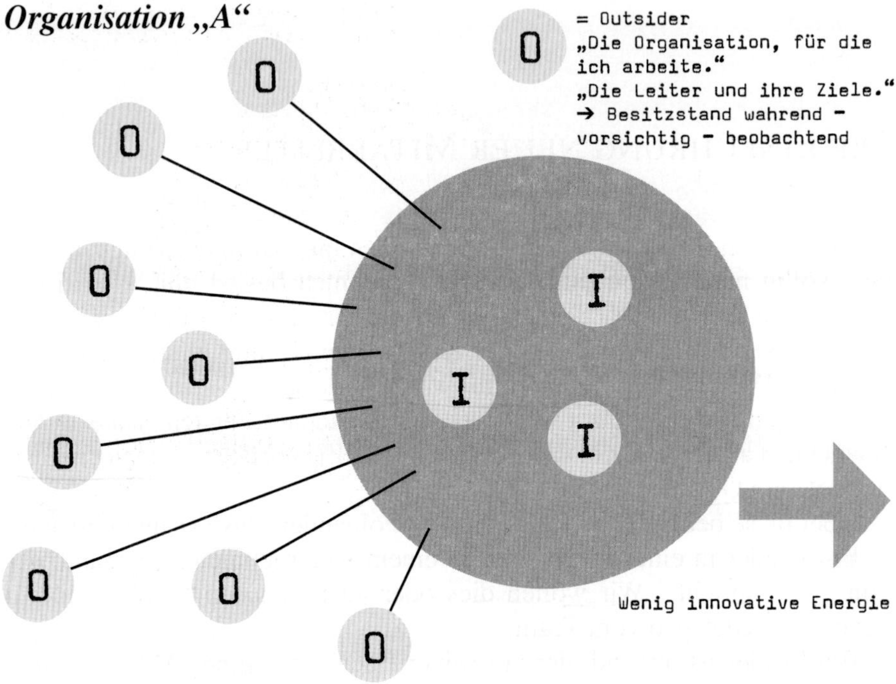

ja nicht nur solche und solche, sondern dazwischen finden wir alle möglichen Schattierungen.

Wir reden aber über die Karikatur – und unser Ziel lautet, möglichst viele Insider zu haben. Das ist klar. Stellen Sie sich einmal vor: Hier ist ein Unternehmen, dort ein anderes. Hier in diesem Unternehmen gibt es Insider, aber auch eine ganze Reihe Outsider. Die Outsider sind auch im Unternehmen, aber sie fühlen sich nicht dafür verantwortlich. Sie sind einfach da, um ihre Brötchen zu verdienen, und das ist auch völlig okay. Es ist auch nicht falsch, Outsider zu sein.

Es gibt Leute, die fühlen sich verantwortlich, und es gibt Leute, die fühlen sich nicht verantwortlich – außer für ihre Tätigkeit; und das ist durchaus in Ordnung.

Es geht nur um das Verhältnis. Habe ich eine Organisation mit vielen Outsidern, so hat diese Organisation eine kleine Kraft, um sich zu bewegen, um sich auf den Kunden hinzubewegen. Sie hat wenig Energie, um neue Dinge zu tun und etwas zu entwickeln.

Es gab aber auch schon vor fünf Jahren eine Untersuchung, wieviel internem Widerstand Manager begegnen müssen, und wieviel Energie sie

Organisation „B“

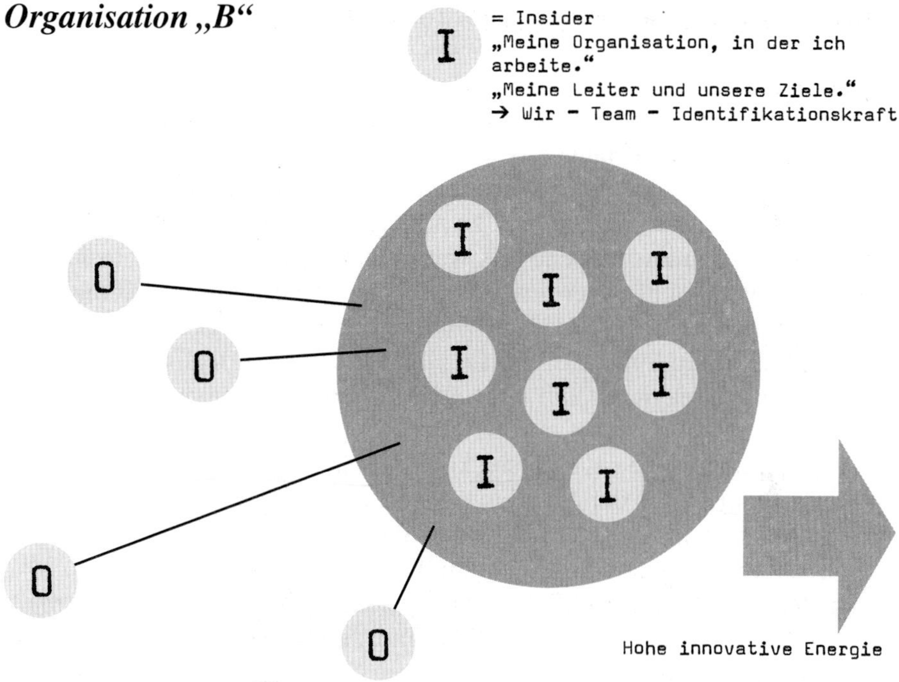

investieren müssen, um internen Widerstand in ihrem eigenen Unternehmen zu überwinden, wenn sie ein neues Produkt auf den Markt bringen wollen. Möchte ein Unternehmen ein neues Produkt auf dem Markt platzieren, muss es erst den internen Widerstand überwinden. Deutschland liegt mit 80 % im Durchschnitt. D. h. 1995 mussten Manager in Deutschland 80 % ihrer Gesamtenergie aufwenden, um internen Widerstand im Unternehmen zu überwinden, um ein neues Produkt auf den Markt zu bringen. Aber 80 % ihrer Gesamtenergie bedeutet, sie mussten für ein neues Produkt fast alles investieren, um interne Widerstände zu überwinden. Zur gleichen Zeit hat man bei der gleichen Art von Unternehmen in Japan lediglich 30 % innere Widerstände ausgemacht, die überwunden werden mussten.

Manche leben nach dem Motto: Von der Wiege bis zur Bahre alles für das Unternehmen. Doch so etwas möchte ich gar nicht. Eine solche „Totaleinstellung“ hat natürlich Vorteile, dass man z. B. sehr viele Insider hat, die alles für das Unternehmen machen, aber das wollen wir nicht, das ist nicht unser Ziel.

Aber von den 80 % herunterzukommen, das wäre wohl ein sinnvolles Ziel. Und das hat damit zu tun, wieviel Insider ich habe, wie sich das Verhältnis von Insidern zu Outsidern gestaltet.

Doch zurück zu unserem Beispiel: Ein anderes Unternehmen hat also viele Insider und nur einige Outsider. Das Verhältnis ist also deutlich anders. Erstmal muss man sehen, dass natürlich in jedem Unternehmen Outsider existieren. Man findet kein Unternehmen, keine Kirche, keine Gemeinschaft, keinen Hauskreis, in dem es nur Insider gäbe. Und ich glaube auch, dass das so gut ist. Es muss einen Ort geben, wo Leute für ein paar Jahre da sein können, um einfach zu arbeiten, ohne groß nachdenken oder etwas mitmachen zu müssen. Das wäre ein falsches Ziel. Nur Insider zu haben, das geht nicht. Aber das Verhältnis sollte gesund sein. Können Sie sich vorstellen, dass dieses Unternehmen mehr Leichtigkeit und größere Kraft entfaltet, um konkrete Vorhaben und Projekte zu realisieren, um auf den Kunden zu reagieren, auf Umstände zu reagieren, um etwas zu bewegen?

Angenommen, eine neue Person kommt in Ihr Unternehmen, ist also neu in Ihrem Team, neu in der Abteilung. Sie ist zunächst neutral. Neu und neutral. Sie ist kein Insider, kein Outsider. Wenn sie nun zu Ihrem Unternehmen hinzukommt, wer würde sich um diese neue Person kümmern?

Die Realität sieht tatsächlich so aus: Insider stecken so tief in der Arbeit, dass sie sagen: Da kommt ein Neuer, und da gibt es ein paar Jungs, die haben nicht viel zu tun, lass sie doch diesen Neuen einführen. So haben sie auch mal was zu tun. Und diese Jungs haben tatsächlich auch die meiste Lust, das ist der andere Punkt.

Halten wir also fest: Die Insider sagen: „Ich habe keine Zeit!". Die Outsider sagen: „Ich habe Lust dazu." Wenn also ein Neuer kommt, wird er fast zwangsläufig von Outsidern eingeführt. Die haben daran Spaß.

Es kommt ein neuer Mitarbeiter, und der wird vielleicht wie folgt eingeführt: „Wir haben eine schöne Zeit hier, und es gibt da so ein paar Dinge, die musst du wissen, das ist einfach wichtig. Du musst wissen, wo die Kantine ist, natürlich, du musst ebenfalls ein paar andere Sachen wissen. Du musst vor allem auch wissen, wie hier gedacht wird. Es gibt hier nämlich manche, die sind unheimlich intensiv. Kein Problem für dich, so intensiv musst du gar nicht sein. Andere Leute hier sind ganz gemütlich; sie treffen sich immer zum Kaffeetrinken, da bist du herzlich eingeladen. Wir sind wirklich ein Team!"

Können Sie sich das vorstellen? Das ist alles sehr gut gemeint! Mit großem Herzen werden die Neutralen von Outsidern eingeführt und eingeweiht.

Aber kann ein Outsider jemanden zum Insider machen? Per Definition wohl sicher nicht! Das ist wichtig, sich zu vergegenwärtigen.

Romano Guardini, den ich sehr schätze, war ein berühmter Kulturphilosoph. Er hat viele Bücher geschrieben, unter anderem ein Buch über den

Umgang mit Macht, über deren Missbrauch und Gebrauch. Er hat in einem seiner Bücher gesagt: „Wir prägen durch unser Sein, durch unser Handeln und durch unser Reden." Durch das, was ich sage, präge ich, forme ich, gebe ich Richtung. Mit der Art, wie ich die Dinge tue, präge ich andere, und mit der Art und Weise, wie ich bin, zeige ich, was in mir steckt. Das Sein prägt ungefähr 60 %, das Handeln ungefähr 30 % und das Reden ungefähr 10 %.

Das gilt gerade auch für den Bereich der Kommunikation. Sie wird ja bestimmt durch das, was ich sage, durch den Ton, wie ich etwas sage sowie durch meine nonverbalen Akzente. Dabei machen bei dem, was ich sage, der Inhalt nur 7 %, der Ton 34 % und die nonverbale Kommunikation 59 % aus.

Das heißt, auch wenn ein Outsider sagen würde: „Du musst hier Insider werden", würde er mit seinem ganzen Wesen etwas anderes sagen. Er kann nur Outsider reproduzieren.

Das ist aber wichtig, sich vor Augen zu führen. Wenn neue Leute kommen, kann man sie innerhalb von drei Stunden zu Outsidern machen. Das ist kein Problem. Ich erkläre Ihnen gleich, wie das geht.

Das heißt, in dieser Organisation (A) ist das Risiko bei neuen Leuten ganz hoch, dass sie sehr schnell zum Outsider werden.

Was passiert, wenn er zu dem anderen Unternehmen (B) kommt? Was wäre logisch, was würde hier passieren, wenn er hier hinkommt?

Er würde schneller Insider werden, sie würden ihn mit hineinnehmen.

Würde man denken. Wichtig ist, dass wir uns bewusst machen, dass nichts logisch ist! Das heißt, es ist absolut nicht logisch, dass die Insider sich um ihn kümmern werden. Es kann genauso gut sein, dass sie einen Riesenspaß mit ihrem Job haben und sagen: Hier gibt es ein paar Outsider, die haben nicht viel zu tun, lass sie das machen. Also ist es nicht zwangsläufig so, dass jemand zum Insider gemacht wird. Es wird nur passieren, wenn man sich darum kümmert und konsequent dabei ist. Glücklicherweise gibt es Menschen, die werden einfach zum Insider, auch wenn sie überhaupt nicht begleitet werden. Es gibt Leute, die kann man so verprellen und fertig machen, und sie bleiben doch und sind dabei; sie haben ein großes Herz. Solche Leute gibt es, und das ist unser Glück, sonst würde man gar nicht mehr existieren. Aber halten Sie sich vor Augen: Nichts ist logisch im Umgang mit Menschen, wenn es ums Führen geht. Gehen Sie nie davon aus, dass es schon irgendwie passiert. Es muss geplant und gehandelt werden. Automatisch passiert nichts. Automatisch geschieht Vernachlässigung. Aber Positives geschieht eigentlich fast nie automatisch.

Also gilt: Auch in der anderen Konstellation braucht der oder die Neue Einführung!

Neulinge benötigen feinfühlig-einfühlsame Begleitung. Hier sollten wir viel investieren an Leidenschaft und Liebe, an Ideen und Sorgfalt. Hier lohnt sich jeder Krafteinsatz.

Doch was mache ich mit Leuten, die schon Outsider sind? Kann ich sie noch zu Insidern machen? Es ist zwar durchaus möglich, aber schwierig. Man muss einfach ehrlich sagen, wenn jemand einmal Outsider ist und lebt mit diesem Gefühl „ich bin zwar hier, aber die da, die machen das", dann ist es sehr schwierig, dass er ein Insider wird. Es kostet viel mehr Arbeit, als von vornherein einen Neuen richtig einzuführen.

Wie funktioniert ein adäquates Einführen?

Eine kleine Übersicht soll es veranschaulichen, um sich das leichter vorstellen zu können.

„Das Dreier-Modell – so werden aus Mitarbeitern Insider"

Die ersten drei Minuten
- Erster Eindruck der Organisation
- 80 % des subjektiven Urteils
- Emotionale Einschätzung: Was ist ein Mensch hier wert?

Die ersten drei Stunden
- Werde ich mich hier wohl fühlen?
- Wo finde ich was?
- Erstes objektives Urteil

Die ersten drei Tage
- Was wird von mir erwartet? Wer ist wer? Wie ist der Chef?
- Betreuung durch einen Betriebspaten (ein Insider)
- Gesamtüberblick über die Organisation

Die ersten drei Monate
- Identifikation mit der Organisation
- Identifikation mit dem Umfeld
- Ich nehme meinen Platz ein

Die ersten drei Jahre
- Entscheidung, ob dieses Unternehmen ein „Zuhause" ist
- Klare Perspektive und Bereitschaft zur langfristigen Hingabe (Säule)
- Eigene Ziele mit den Unternehmenszielen verbinden

Es gibt aus dem Kulturverständnis heraus verschiedene Ebenen, in die jemand einsteigt und zum Insider wird.

Das sind: Die ersten drei Minuten, dann die ersten drei Stunden, die ersten drei Tage, Die ersten drei Monate, die ersten drei Jahre.

Es ist auch interessant, dass man erst nach drei Jahren eigentlich richtig eingeführt ist in eine Organisation, einen Hauskreis, eine Abteilung.

Im Umkehrschluss gilt: Wenn alle zwei Jahre gewechselt wird, ergeben sich Schwierigkeiten.

Nach ca. drei Jahren ist jemand, wenn er eingeführt wird, richtig eingearbeitet und kann volle Verantwortung übernehmen und sagen: „Ich bin jetzt wirklich ein Insider".

Spätestens nach drei Jahren entscheidet sich, ob ein Ort/Lebensumfeld mein Zuhause sein kann, ob ich mich hier langfristig investieren möchte, oder ob es sich um eine Zwischenstation handelt.

Das hat etwas damit zu tun, dass ich im ersten Jahr in einem Unternehmen noch ein Lernender bin. Dann liefere ich auch wenig Produktivität, denn ich koste immer noch mehr als ich bringe. Mitarbeiter müssen sich um mich kümmern, mich einarbeiten; ich darf Fehler machen, ich lerne. Das erste Jahr kostet jemand eigentlich immer mehr als er leistet. Wenn man den Lohn und alle sonstigen Investitionen berücksichtigt, fährt ein neuer Mitarbeiter im ersten Jahr immer ein Minus ein.

Das spürt man auch selbst. Man spürt: ich bringe hier zwar einiges, aber ich bringe hier nicht mehr ein als das, was sie mir geben.

Im zweiten Jahr gelangt jemand genau an den Punkt, wo er genau soviel bringt wie er kriegt. Er kann also wirklich seine Talente einsetzen, hat seinen Platz eingenommen und ist professionell. Er spürt selbst: Jetzt hab ich's.

Im dritten Jahr wird ein Mitarbeiter profitabel – im Sinne von höherem Output, der die Unternehmensleistung übertrifft. Es gibt natürlich Unternehmen, in denen das schneller geht, weil das vielleicht eine andere Branche ist, aber wir reden hier über den Durchschnitt.

Deswegen sagt man auch immer: Nach dem Studium sollte man mindestens drei Jahre am Stück in einem Unternehmen Berufserfahrung sammeln. Nicht zuletzt, um diese Phase einmal kennen zu lernen, um zu entdecken, was das alles bedeutet.

Aber nach diesen drei Jahren – psychologisch hat man das Gefühl „jetzt bringe ich richtig was, jetzt bin ich eigentlich richtig etwas wert, jetzt muss ich mir überlegen, ob ich hier bleiben will, dann muss auch was passieren oder ich gehe woanders hin".

Dann hat man das Gefühl, man hat die Phase hinter sich. Und das ist ein ganz entscheidender Punkt, ob man Leute dort behalten kann.

Heutzutage gibt es eine hohe Arbeitslosigkeit, sodass man versucht sein könnte zu denken, dass es nicht so schwierig ist, Mitarbeiter zu halten; aber vertun Sie sich da nicht!

Auf dem Arbeitsmarkt ist es heute schon in Deutschland sehr schwer, qualifizierte Leute zu bekommen. Und das wird noch weit schwieriger werden. Es stellt bereits heute ein Riesenproblem dar, vernünftige Leute zu kriegen. Und das wird zunehmen.

In Holland zum Beispiel haben wir Vollbeschäftigung, d. h. zehn Prozent aller Stellen sind nicht besetzt. Und das ist ein Riesentheater. Die Unternehmen müssen mehr leisten, sie wachsen im Umsatz, müssen aber mit zehn Prozent weniger Mitarbeitern auskommen und haben gar keine reelle Chance. Sie müssen weiter wachsen, die gleiche Leistung mit weniger Leuten erbringen, weil sie niemanden bekommen.

Das ist hier noch lange nicht der Fall – aber heute ist es schon schwierig, vernünftige Leute zu bekommen. Deswegen kann man nicht mehr sagen: „Ach ja, es gibt genug Leute, wenn die weglaufen, ist das egal."

Deswegen macht es Sinn, sie so einzuführen, dass sie, wenn sie hier richtig zu Hause sind, das dann auch fühlen können und eine Perspektive sehen.

Beginnen wir aber mit dem Einstieg, der in aller Regel drei Minuten dauert.

In den ersten drei Minuten bilden wir 80 % des subjektiven Urteils aus.

Wenn jemand neu kommt für eine Stelle oder für eine erste Bewerbung, bildet er in dieser konkreten Situation ein Gefühl aus. Und dieses Gefühl ist entweder positiv oder negativ. Je nach Verlauf der Begegnung oder Begrüßung.

Ob man den Eindruck hatte, erwartet worden zu sein, oder ob man erst einmal herumsitzen und warten musste, bis irgendeiner kam und sagte: „Stimmt, Sie wollten ja heute kommen, schauen wir einmal ..." Sie merken: Der Ton macht die Musik, und eine freundliche, offenherzige Begrüßung kann eine optimale Plattform bieten für ein positives Gefühl für später.

Eine Kultur der Wertschätzung wäre hier angezeigt!

Wir wissen ja: Das Urteil des Menschen, das für jede Kultur, für jedes Unternehmen gilt, hat etwas damit zu tun, was der einzelne Mensch dort an Wert besitzt.

Ein Mensch kommt in eine neue Situation und schätzt dort willkürlich oder unwillkürlich ab, was er hier wert ist. Was bin ich denen wert? Welcher Stellenwert meiner Person kommt in der Art des Empfangs deutlich oder subtil zum Ausdruck? Bin ich hier erwartet oder nicht? Viele schlussfolgern dann: Bin ich nicht erwartet, bin ich hier weniger wert! Bin ich erwartet, bin ich mehr wert! Und das macht wohl jeder Mensch in irgendeiner Weise so oder ähnlich.

Das funktioniert alles in Bruchteilen von Sekunden, es ist eine sehr schnelle emotionale Abschätzung. Manche Leute fühlen sich nach drei Minuten schon so, dass sie sagen: Mal sehen, was noch weiter so passiert. An dieser Stelle ist noch nicht allzu viel verloren, denn es stehen ja noch die nächsten drei Stunden ins Haus.

Die kommenden drei Stunden stellt der oder die Neue sich oft die Frage: Werde ich mich hier wohl fühlen? Will man mich wirklich haben? Empfinde ich die Atmosphäre, die Begegnungen und Gespräche als offen, ehrlich und stimmig?

Und eine andere Frage, die man sich stellt, lautet „Wo ist was?", z. B.: „Wo ist die Toilette?" Ein nicht ganz unwichtiger Punkt, wenn man in ein Gebäude kommt und weiß, dass man hier arbeiten wird. Wenn man ganz aufgeregt ist und meistens schon Druck auf der Blase hat, dann will man gerne wissen, wie man schnellstens zum nächsten WC findet.

Die Klärung dieser scheinbar banalen Fragen spielt gerade am Anfang eine wichtige Rolle. Wie fühle ich mich hier, wie und wo finde ich was, wie kann ich mich orientieren?

Und hier wird auch das erste objektive Urteil gefällt.

Können Sie sich vorstellen, dass es sehr sinnvoll ist, einen neuen Mitarbeiter in diesen drei ersten Stunden ein Stück weit zu begleiten bzw. ihn darauf vorzubereiten, was künftig an Arbeit auf ihn wartet?

Er soll Kolleginnen und Kollegen kennen lernen, das Team, in das er kommt, könnte zuvor schon auf ihn eingestimmt werden. Die Teammitglieder sollten wissen, dass er kommt, damit ein Gespräch in Gang kommt, Kaffee da ist und die Begrüßung nicht peinlich wird.

Jemand könnte ihm das Unternehmen zeigen, ihn einführen in die örtlichen Gegebenheiten.

Dies alles kann man schön gestalten. Wenn man es nicht gestaltet, läuft es einfach irgendwie. Aber das wollen wir nicht als Ziel vorgeben. Eine positive Erstprägung – die oft lange währt und tiefe Spuren hinterlässt – wäre eine sinnvolle Maxime.

Für *die ersten drei Tage* sollte generell jeder neue Mitarbeiter einen Betriebspaten erhalten, sodass es nicht zu einem Herumreichen an verschiedene Leute kommt, sondern eine Person die persönliche Einführung verantwortlich übernimmt. Dieser so genannte Betriebspate sollte in aller Regel mindestens die ersten drei Monate eine Begleitfunktion übernehmen. An den ersten Tagen und durch die ersten drei Monate hindurch sollte dies die gleiche Person sein.

Was ist die Frage in den ersten drei Tagen? Was beschäftigt einen, wenn man die ersten drei Tage irgendwo neu ist?

Häufig wird zunächst hinter den Chef ein Fragezeichen gesetzt. Man fragt sich: Wie ist der Chef? Was kann er, was kann er nicht? Was für ein Typ ist er? Werde ich mit ihm zurechtkommen?

Wir beraten z. B. ein sehr professionell und menschlich geführtes Unternehmen mit ca. 140 Mitarbeitern. Der Geschäftsführer geht selbst gerne mit Menschen um, was auch gut zu ihm passt. Sie haben ein Programm erstellt – ein Einführungsprogramm auf einem Stück Papier. Wenn nun ein neuer Mitarbeiter kommt, dann stehen darauf verschiedene Punkte, die wichtig sind. Oben steht etwa, wer der Betriebspate ist, dann stehen darauf ein paar weitere Informationen über diese neue Person, und der Betriebspate wird informiert. Und schließlich haben sie einen kleinen Plan ausgearbeitet für die ersten drei Monate, was er sehen, erleben und konkret auch schon tun soll. Der Betriebspate hat dieses Blatt und kann nun einfach sauber abarbeiten und abhaken. Später legt er es noch einmal der zuständigen Person der Personalführung vor, sodass gewährleistet wird, dass auch alles wirklich nach Plan verlaufen ist. Das ist also alles ganz simpel – ein einfaches Stück Papier.

Das erste, was am ersten Tag in diesem Unternehmen geschieht, ist, dass die neue Person dem Chef vorgestellt wird. Der Chef hat sich nämlich vorgenommen: „Ich will, dass die neuen Mitarbeiter mich kennen, weil ich der größte Insider hier bin, und ich will ihnen begegnen. Ich will sie selbst willkommen heißen. Es ist mir egal, was ich noch alles zu tun habe. Wenn der Neue kommt, will ich ihm am ersten Tag begegnen. Ich will ihm ‚Hallo' sagen, auch wenn ich ihn bereits vom Einstellungsgespräch her kenne. Ich will ihn an seinem ersten Tag sehen." Und er nimmt sich jeweils eine halbe Stunde Zeit für ihn. Das ist außerordentlich und großartig! Dieser Chef macht das. Man muss wohl sagen: Er kennt alle seine Leute, ist dabei sehr beliebt und absolut konsequent. Das hat sicher nicht zu unterschätzende Vorteile.

Wer der Chef ist, das wird also eine wichtige Frage während der ersten drei Tage sein.

Und dieser Bezug zum Chef ist auch äußerst wichtig für das Verhältnis zum Betrieb sowie für die Einstellung zur Arbeit. Denn wer sich nicht mit dem Chef identifiziert, identifiziert sich auch meist nicht mit dem Unternehmen. Das gilt zumindest für den Mittelstand.

In den ersten drei Tagen will jemand auch gerne in Erfahrung bringen: „Was wird von mir erwartet?" „Was soll ich tun?"

Man möchte hier ja etwas tun, sich einsetzen. Trotz einer gewissen Angst, die man stets bei einem neuen Job hat, möchte man das Gefühl haben: Ich finde mich hier zurecht, ich kann hier etwas Wichtiges leisten, und die Kollegen scheinen mich zu akzeptieren.

Einen weiteren Aspekt der ersten drei Tage bildet die Frage: Wer ist wer?

Gerade für die ersten drei Tage ist es wichtig, dass man ein Orientierungsgefühl entwickelt und weiß: Das hier ist der Abteilungsleiter, dort drüben arbeitet die Sekretärin, dieser Mann dort ist für die Materialausgabe zuständig etc. Jeder möchte zu Anfang einen kleinen Einblick gewinnen in sein Umfeld.

Es ist wahrlich keine Überforderung, jemanden einzuführen. Es gibt nur ein paar Punkte, die man beachten sollte.

Wichtig ist die Frage, wie der Betriebspate führt. Er führt, indem er Dinge erklärt, jemanden vorstellt, mit ihm herumgeht, das Ganze zeigt. Aber er führt auch durch Fragen!

Spätestens nach drei Tagen sollte der Betriebspate mit der neuen Person ein Gespräch führen: „Wie geht es dir? Was hast du für Fragen? Was denkst du? Was hast du hier gesehen? Also: Was sind deine Ideen?"

Wir reden hier nicht über ein stundenlanges Gespräch, sondern über ein gemeinsames Kaffeetrinken von ca. 20 Minuten.

Notieren wir also: *In drei Monaten* geschieht die erste Identifikation mit dem Unternehmen.

Am Anfang hat man eher die Frage: Was sind das hier für Menschen? Was erwartet man von mir? Was ist meine Abteilung? Aber spätestens nach drei Monaten sollte klar sein, was das für ein Unternehmen ist. Wie die Organisationsfäden hier laufen. Man sollte sich jetzt mit dem ganzen Unternehmen identifizieren können.

Was habe ich zu tun, wenn ich mich mit einem Menschen identifizieren will? Was muss ich von diesem Menschen wissen?

Nehmen wir an, ich möchte einen konkreten Menschen kennen lernen. Was ist wichtig, über diesen Menschen zu wissen, um ihn kennen zu lernen?

Zunächst sammle ich einfach Daten und Informationen. Es gibt da einen ganz cleveren Weg, jemanden schnell kennen zu lernen, und zwar, indem ich seine Geschichte, seine Stärken und seine Vision kennen lerne. So lernt man jemanden ziemlich gut in kürzester Zeit kennen.

Wo kommt er her? – Was ist seine Geschichte?

Was ist der rote Faden in seinem Leben? – Was hat er alles erlebt?

Wo liegen seine Stärken, was sind seine Talente und Möglichkeiten?

Und was ist seine Vision? Wo will er hin?

Und das gleiche gilt auch für ein Unternehmen:

Was ist die Geschichte dieses Unternehmens? Was sind die Stärken? Was kann das Unternehmen? Wie steht es um die Kompetenzen? Und was ist die Vision? Wo will das Unternehmen hin?

Und das sind auch die drei Dinge, die man zumindest vermitteln sollte.

Manchmal gibt es gute Unternehmensbroschüren, in denen so etwas drinsteht, aber geben Sie keinem einfach die Broschüre in die Hand mit den Worten „Lesen sie mal!“, das bringt gar nichts. Das muss man erzählen, die Geschichte muss erzählt werden. Dann ist eine Broschüre eine schöne Ergänzung. Die Story ist wichtig. Sie wird durch Personen lebendig vermittelt.

Es gibt ja Völker mit einer ausgeprägten Erzählkultur. Meine Frau und ich haben ein halbes Jahr auf Hawaii gelebt, das war eine sehr schöne Zeit. Ich kann das jedem nur empfehlen. Diese polynesische Kultur ist eine Erzählkultur, da wird alles erzählt. Man erzählt die ganze Geschichte von zweitausend Jahren – und dann weiß man – vorausgesetzt, man hört aufmerksam zu! – auch wirklich, was das für Leute sind.

Wir haben in Europa nur eine Prospektkultur. „Hier hast du einen Prospekt – lies mal – dann weißt du Bescheid.“ Doch durch einen Prospekt wird kein Leben vermittelt. Mit einem Prospekt bleibt man weitgehend nur an der Oberfläche kleben.

Das reicht also nicht! Erzählen heißt vielmehr: Der ganze Mensch bringt den Inhalt rüber. Dann verstehe ich wirklich. Die Story braucht die Person. So spielt das Narrative, die Erzählung, also bis in Wirtschaftskontexte hinein – und vielleicht gerade da – eine bedeutende Rolle.

Erinnern wir uns: Die ersten drei Monate in einem Unternehmen dienen der Identifikation.

Der Mitarbeiter sollte die Daten kennen, aber vor allen Dingen die Geschichte erzählt bekommen, die Stärken entdecken und die Vision. Noch etwas: In den ersten drei Monaten sollte er vor allen Dingen auch den Kunden kennen und schätzen lernen. Egal, ob er im Innendienst an der Maschine steht oder in der Gemeinde die Buchhaltung führt. Was er auch macht, er muss den Kunden kennen lernen. Man kann sich nur mit einer Organisation wirklich gut identifizieren, wenn man sich auch mit den Kunden identifizieren kann.

Wenn man sich nicht mit den Kunden identifiziert, dann wird man ein Insider im Sinne des „ich will dieses Unternehmen von innen sehen und für mich gebrauchen“ – und man versteht nicht, dass das Unternehmen für den Kunden da ist. So wird keiner ein unternehmerisch denkender Insider.

Also: In die ersten drei Monate gehören wichtige Dinge, die man jemandem beibringen sollte. Können Sie sich vorstellen, dass es sinnvoll ist, dass ein Betriebspate wirklich ein Insider ist? Denn er wird so anders erzählen, auch über Kunden.

Man könnte auch sagen: „Ah, Herr Meier, Sie sind neu. Wissen Sie, wir haben Kunden – . . . und wir haben ‚Kunden‘. Verstehen Sie?! Wir haben viele nette Kunden, aber auch einige seltsame, die ab und zu anrufen; dann hören Sie einfach zu, aber machen Sie sich nicht soviel daraus. Die sind einfach so. Leben Sie damit.“ Dann haben Sie diesen Mitarbeiter schon verdorben und für die Kundenwelt falsch gepolt.

Wenn Sie jemandem von Anfang an beibringen, dass man keinen Respekt haben muss vor Kunden, dann wird er den auch nie mehr haben. Also sollte man an diese heikle und wichtige Einführungsaufgabe unbedingt Insider dransetzen. Insider können Insider produzieren, ein Outsider wird das kaum packen.

Am Sinnvollsten scheint es also, wenn jemand Neues kommt, vorbereitet zu sein und dafür zu sorgen, dass ein Betriebspate bereitsteht, der ihn einführt – für mindestens drei Monate.

Geben Sie dem Paten einige konkrete Punkte mit auf den Weg der einführenden Begleitung, und gewähren Sie so der neuen Person eine reelle Chance, selbst Insider zu werden.

Während *der kommenden drei Jahre* – der letzte Schritt – fällt bekanntlich die Entscheidung, ob dieser konkrete Arbeitsplatz auch mein Zuhause wird.

Hier liegt eine Chance, dass jemand eine Säule wird. Entweder er geht bzw. wird ein Outsider – oder er wird zu einer tragenden Säule. Diese drei Möglichkeiten gibt es.

Säulen spielen eine wichtige Rolle für die Unternehmenskultur. Denn ein Unternehmen lebt von Säulen, von zuverlässigen Leuten, die loyal sind auf eine positive Art und Weise, die mitdenken, sich als Teil des Teams empfinden, ein Wir-Gefühl ausprägen, Insider sind und „das Ding“ mittragen.

Dazu gehört, den Leuten eine klare Perspektive zu geben. Wenn man will, dass sich jemand länger bindet, dann muss man ihm eine klare Perspektive geben. Was kann er hier bringen? Was kann er hier leisten? Wo liegen individuelle Entwicklungsmöglichkeiten? Wie kann er gefördert werden?

Das sieht nach Arbeit aus. Aber es ist ein überschaubares Stück Arbeit, wenn man einmal gut darüber nachdenkt. Wir können neue Leute mit ein paar wenigen Schritten richtig einführen, indem wir z. B. Betriebspaten definieren und etwas in Gang bringen in Sachen Einführung des/der Neuen. Aber es lohnt sich, auch vorhandenen Mitarbeitern, die vielleicht z.T. Insider, z.T. Outsider sind, noch einmal eine Klärungshilfe zu geben, wer sie eigentlich sind, was sie wirklich wollen. Das heißt, wenn ich mit vorhandenen „halben Outsidern“ arbeite, um sie zu Insidern zu machen, dann muss ich hier ansetzen, bei diesem Dreitage-/Dreimonats-Thema.

Sie müssen jemanden an die Hand bekommen, der Sie persönlich einführt, auch wenn Sie schon länger im Betrieb sind. Man kann hier durchaus noch etwas positiv nachholen. Der, der Sie persönlich einführt, sollte Sie u.a. einführen in die Geschichte des Unternehmens, in die Stärke des

Unternehmens, in die Firmen-Vision und die Welt der Kunden. Es ist viel anstrengender als bei Neuen, aber häufig muss man ein ausgefallenes Einführungstraining noch an einigen Stellen nachholen.

Transition Management – Veränderungen gestalten

Hier reden wir über das Führen von Mitarbeitern oder ganzen Gruppen im Rahmen von Veränderungsprozessen.

Sie haben sich entschieden, Ihr Unternehmen oder Ihre Gemeinde umzugestalten; von einer nach innen gerichteten und eher starren Organisation hin zu einer nach außen gerichteten dynamischen Organisationsform. Darf ich Ihnen gratulieren? Den wichtigsten Schritt haben Sie schon unternommen: In Ihrem Kopf ist schon alles anders. Da gibt es nur noch ein paar kleine Herausforderungen und Aufgaben im Blick auf die Realisierung.

Zum Beispiel müssen Sie Ihre Mitarbeiter motivieren, aus den alten Strukturen auszusteigen und in den neuen Strukturen Fuß zu fassen. Dies bedeutet Veränderung.

Wir leben in einer Zeit, in der sich sehr vieles sehr schnell verändert oder weiterentwickelt. Die einzige Konstante dieses 21. Jahrhunderts scheint der Wandel zu sein. Im Zeitalter der Fluchtgeschwindigkeit (Paul Virilio) ist das Leben hektisch und bewegt sich geradezu in Quantensprüngen. High speed ist an der Tagesordnung, Geschwindigkeit – etwa in der IT-Branche – wurde geradezu zu einem Qualitätsmerkmal. Die westliche Hemisphäre scheint in einem Tempotunnel zu stecken, dessen Ausgang niemand kennt.

Einige Beispiele:

- Das weltweit vorhandene Wissen verdoppelt sich zur Zeit alle vier Jahre
- Politische Situationen verändern sich jährlich
- Das Auf und Ab der Konjunktur vollzieht sich in immer schneller aufeinander folgenden Wellenbewegungen
- Bisher Grundlegendes, beispielsweise unsere Werteordnung, ändert sich im Kontext einer unüberschaubaren Pluralität und „neuen Unübersichtlichkeit" (Jürgen Habermas)

Wenn man dann noch berücksichtigt, dass jeder „normale“ Mensch in seinem Leben unterschiedliche Phasen und Krisen durchlebt, wie etwa

* Kind → Erwachsener
* Ausbildung → Beruf
* Ledig → Verheiratet
* Jetzige Stelle → Neue Stelle
* Angestellt → Arbeitslos

dann kann man sich vorstellen, dass viele dieser Veränderungen und Übergänge nur oberflächlich und häufig unverarbeitet durchlebt werden.

Das ist der Grund, warum wir uns in einem umfassenderen Umfeld die Veränderungen anschauen wollen, die eine Organisation im Wandlungsprozess vom Alten zum Neuen durchlebt. Wie kann man eine neue Struktur schaffen, die von den vorhandenen Mitarbeitern akzeptiert und ausgefüllt wird? Wie kann man ihnen helfen, sich in gebührender Weise, aber auch definitiv von dem Alten zu verabschieden?

Im Englischen unterscheidet man zwischen dem Wort „Change“, das eine eher äußere Veränderung in einer bestimmten Situation beschreibt, und dem Wort „Transition“, das den psychologischen Prozess beschreibt, den Menschen durchlaufen, um mit der veränderten (changed) Situation fertig zu werden (eher innere Erfahrung).

William Bridges erläutert in seinen beiden Büchern zu diesem Thema („Transitions – Making Sense of Life's Changes“ und „Managing Transitions – Making the Most out of Change“, beide im Addison-Wesley Verlag erschienen), wie einzelne Menschen oder eine ganze Gruppe solche Übergangszeiten durchleben, wie sie damit umgehen und sie gestalten können.

Folgendes Schema zeigt dies auf:

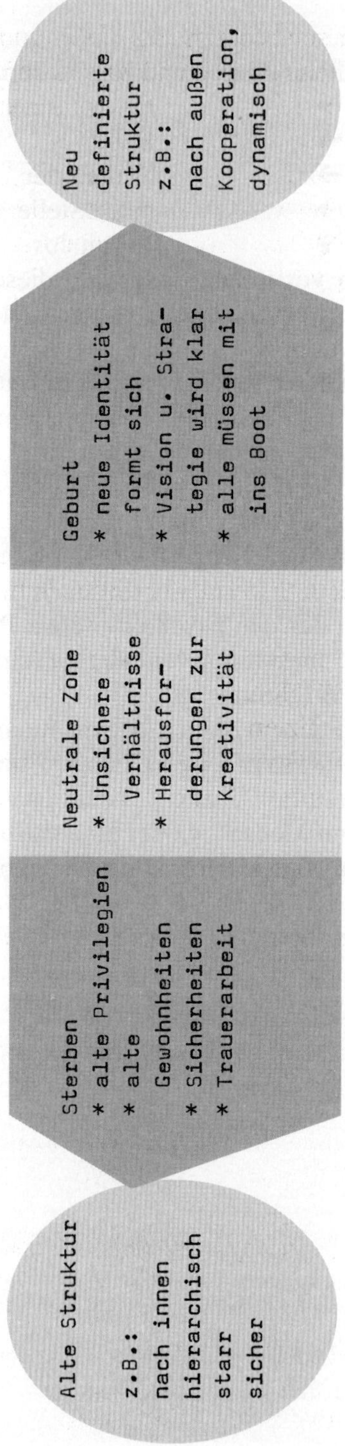
Alte Struktur
z.B.:
nach innen
hierarchisch
starr
sicher
Sterben
* alte Privilegien
* alte Gewohnheiten
* Sicherheiten
* Trauerarbeit
Neutrale Zone
* Unsichere Verhältnisse
* Herausforderungen zur Kreativität
Geburt
* neue Identität formt sich
* Vision u. Strategie wird klar
* alle müssen mit ins Boot
Neu definierte Struktur
z.B.:
nach außen
Kooperation,
dynamisch

Transition Management ist nicht viel mehr, als eine Gruppe von Menschen aus Ägypten herauszuführen; durch die Wüste der Kreativität und Erneuerung hindurchzuleiten, um dann gemeinsam mit denen, die den Willen dazu aufbringen, das neue und verheißene Land zu erobern.

Die drei Phasen lauten also: Sterben, Neutrale Zone und Geburt. Und jede Phase verlangt besondere Führungseigenschaften sowie einen Führungsstil, der die Mitarbeiter sowohl fördert mit herüberzukommen, als sie auch herausfordert, gemeinsam das neue Land zu erobern.

Lassen Sie uns diese drei Phasen einmal genauer anschauen:

Würdevoll sterben

Wenn ich Mitarbeiter so mitnehmen will, dass sie alle auch wirklich ankommen, dann muss ich ihnen helfen, würdevoll zu sterben. Die alte Struktur muss angemessen verabschiedet werden. Ein anständiger Abschied ist allerdings keine leichte Angelegenheit.

Vielfach gibt es kein würdevolles Sterben, sondern lediglich ein abruptes Sterben. Der Neue sagt dann vielleicht sogar: „Hört mal zu und schaut: Wie das früher war in der alten Struktur, das war doch alles nur ‚Schrott'. Da habt ihr nicht kommuniziert, da sind keine Ziele erreicht worden." Was macht er? Er redet also respektlos über eine alte Zeit und über alte Strukturen. Und alle die Menschen aus der alten Struktur fühlen sich auf den Schlips getreten.

Denn sie haben ja die alte Struktur aufgebaut. Also, wenn ich schlecht rede über die Vergangenheit, rede ich schlecht über alle Menschen, die um mich herum sind, weil sie das kreiert haben. Und sie werden niemals bereit sein, mit Ihnen mitzugehen. Denn Leute folgen nur jemandem, der sie respektiert, oder sie folgen ihm aus Angst.

Aber wenn Leute nur aus Angst folgen, sind das keine Mitarbeiter. Es gibt ja auch Leute, die kommen aus Angst mit, die wollen ihren Job nicht verlieren. Die tun brav, was man ihnen sagt, sind aber keine wirklichen Insider. Wenn Mitarbeiter Ihnen wirklich folgen sollen, dann brauchen sie Respekt vor Ihnen, und dann wollen sie sich auch selbst respektiert wissen.

Und Sterben ist ein grundlegender Prozess, das muss man Schritt für Schritt tun, mit Respekt, d. h. mit Erklärungen, u. a. unter Anerkennung des Verlustschmerzes. Man könnte sagen: „Ach, wissen Sie was, Sie stellen sich alle an! Die neue Struktur ist viel besser, und wenn Sie da nicht mehr haben, was sie früher kannten, dann macht das doch gar nichts."

Wenn eine alte Struktur stirbt, müssen Mitarbeiter stets auf diverse Positionen und Privilegien verzichten. Und wenn sie das tun, „sterben" sie daran. Und das schmerzt. Da gibt es eine richtige Trauerarbeit. Und wenn man diese Trauerarbeit nicht ernst nimmt, fehlt der Respekt vor den damit verbundenen Gefühlen, und dann werden die Leute einem nicht folgen.

Also: Sterben will richtig gelernt sein. Es handelt sich da hauptsächlich um Respekt, um die Verarbeitung von Vergangenheit, um die Reflexion von Geschehenem, auch um die Anerkennung von Verlustschmerzen. Man muss den Mitarbeitern dafür Zeit gewähren.

Sie verlieren etwas, und das sollten wir nicht bagatellisieren, sondern Trauerarbeit erlauben und dafür offen sein. Wenn man das schafft, dann sind die Leute auch bereit, mit einem zu „sterben".

Phase 1: In zehn Schritten würdevoll sterben

1. Identifizieren: Wer verliert etwas?
   - Was wird sich ganz konkret ändern?
   - Wer muss etwas loslassen?
   - Was bleibt in der neuen Struktur für den einzelnen Mitarbeiter übrig?

2. Seien Sie nicht überrascht, wenn es zu Überreaktionen kommt
   - Menschen erfahren Verluste durch Veränderungen
   - Die gewohnte Welt der Menschen wird durcheinander gebracht

3. Akzeptieren Sie die Realität und Wichtigkeit der subjektiv empfundenen Verluste
   - Ihre „objektive" Sicht der Lage reduziert niemals den subjektiv empfundenen Schmerz
   - Darum: Nehmen Sie sich Zeit, die Mitarbeiter anzuhören, ernst zu nehmen und zu verstehen

4. Erkennen Sie die Verluste öffentlich und verständnisvoll an
   - Reden Sie einfach und klar über die Verluste, die die neue Struktur mit sich bringt
   - Drücken Sie Anteilnahme aus

5. Erwarten und akzeptieren Sie Anzeichen der Trauer
   - Ablehnung der Realität
   - Ärger
   - Ausweichen
   - Angst
   - Traurigkeit

- Orientierungslosigkeit
- Depression

6. Kompensieren Sie den Verlust
   - Wer nur Schmerz spürt, ist nicht motiviert, eine neue Struktur zu akzeptieren, die diesen Schmerz auslöst
   - Was kann ich zurückgeben, um die Verlusterfahrung auszubalancieren?

7. Informieren Sie Mitarbeiter beständig
   - Bei ersten Informationen werden ca. 50 % verstanden
   - Ehrliche Information baut Vertrauen auf

8. Definieren Sie, was sich ändern wird und was nicht
   - Menschen haben oft nicht den Mut, mit dem Alten aufzuhören. Gleichzeitig fangen sie an, auch Neues zu realisieren. Das brennt sie aus.
   - Sind Erwartungen unklar, dann macht jeder, was er will, und alle produzieren gemeinsam ein Chaos
   - Lässt man alles vom Alten sterben, dann „schüttet man das Kind mit dem Bade aus"

9. Behandeln Sie die alten Strukturen mit Respekt
   - Sprechen Sie fachlich und mit Respekt über die Vergangenheit
   - Erkennen Sie das Gute an, das durch die alte Struktur entstanden ist

10. Zeigen Sie, wie ein Sterben der alten Strukturen so ermöglicht werden kann, dass sich die Kernkompetenzen weiterentwickeln
    - Manches muss beendet werden, damit etwas Größeres zur Vollendung kommt
    - Zeigen Sie dies auf, damit für jeden der Sinn der Änderung verständlich wird

Die drei Herausforderungen der neutralen Zone

Noch ist man nicht angekommen. Es kommt die neutrale Zone.

Nehmen wir etwa die Wüstenerfahrung des Volkes Israel. Im Beispiel von Mose und dem Volk Gottes ist das konkrete Gebiet die Wüste: Alte Struktur – neue Struktur, sie wollten nicht sterben, wollten lieber zurück nach Ägypten, denn hier in der Wüste war es alles andere als angenehm und schön. Sie waren jetzt in der neutralen Zone und dachten: Wo sind wir hier denn gelandet? Sie wollten ins verheißene Land. Doch in der Wüste sagten sie alle, sie wollten zurück! Denn die Perspektive von der Zukunft war nicht so gut. Allerdings haben sie dann die Zukunft gesehen und einen Schreck gekriegt, hatten nicht genug Kraft zur Geburt des Neuen. Sie haben Angst gekriegt und wanderten 40 Jahre durch die Wüste – bis sie alle umgekommen waren. Die nachrückende, neue Generation hatte dann die Kraft, zur Geburt zu kommen. Das war so eine klassische Transitionszeit, vergleichbar mit einem Fluss: Da gibt es eine Anlegestelle, und ich setze mich in mein kleines Boot. Ich muss zur anderen Seite, und ich bin dabei auch einigermaßen glücklich. Ich habe mich jetzt durchgerungen, dem Alten abzusterben, weil ich zu etwas Neuem hinmöchte. Aber die Zeit und das Leben haben eine starke Strömung, das geht alles nicht so glatt. Und plötzlich bin ich hier irgendwo mittendrin, und ich habe ein großes Fragezeichen, weil ich nicht mehr weiß, wo ich herkomme, wo ich hinwollte. Ich sitze jetzt also mitten im Boot – das ist die ideale Zeit für Kreativität. Time for a change. Zeit für neue Wege.

Hier kann ein Unternehmen kreativ werden. Hier ist die Zeit des Lernens. Hier ist die Zeit der echten Veränderung.

Also, durch die neutrale Zone will man normalerweise so schnell wie möglich durch. Diesen Übergang will man wie diese holländische Firma in zwei Wochen schaffen. Aber nicht allen Leuten gelingt das, nur einigen ganz herausragenden. Also braucht man in der Regel Zeit; aber man will natürlich so schnell wie möglich durch.

Aber die neutrale Phase, die neutrale Zone ist eigentlich doch – das Alte ist ja vorbei, das Neue funktioniert noch nicht, es gibt viele Fragen – eine wunderbare Gelegenheit. Da kann man über Dinge nachdenken, sich kreativ neu über den Kunden Gedanken machen, erneut über die Ausrichtung, über Stärken und Schwächen nachsinnen, spannende und tragfähige Strategien entwickeln. Nur muss man dies auch aushalten können. Neutrale Zone, das ist eine Frage des Aushaltens und Miteinander-Lernens.

Im persönlichen Leben kann man das auch ganz deutlich sehen. Denn es gibt ja viele Übergangsphasen in jedem Lebenslauf:

Nicht verheiratet sein, dann in die Ehe starten. Es gibt Leute, die sagen: „Jetzt bin ich verheiratet, aber irgendwie passt mir das auch nicht, ich will so weiterleben wie damals, als ich noch nicht verheiratet war.“ Das geht nicht; ich muss sterben im Blick auf mein Ledigsein. Dann folgt eine Übergangsphase, schließlich die Geburt: Ich muss mich hier durchringen, und das braucht Zeit.

Ein Beispiel: Wir zogen von Deutschland nach Holland um. Wir dachten bewusst über unsere Kinder nach. Sie waren ganz in Deutschland aufgewachsen, in einer völlig anderen Kultur und Struktur. Sie mussten jetzt da einsteigen, und wir dachten, das wird auf jeden Fall nicht von heute auf morgen gehen. Sie mussten Zeit haben, manches loszulassen, und zwar nicht, indem wir sagten: „Seid doch froh, dass wir aus Deutschland weg sind. Das war alles nur schlecht, jetzt sind wir im verheißenen Land Holland." – Das wäre völlig unangemessen gewesen, das hätten sie auch nicht akzeptiert, weil unsere Kinder deutsch fühlten und Deutschland liebten. Sie sprachen besser Deutsch als Holländisch. Wir konnten ihnen nicht sagen: „Das muss jetzt funktionieren!" Also haben wir ihnen einen Zeitrahmen von zwei Jahren gegeben für diese Übergangsphase. So konnten sie Abschied nehmen und ankommen.

Nach drei Jahren liegt Deutschland mittlerweile ganz hinter ihnen, sie fühlen sich in Holland schon zu Hause. Aber es braucht noch die Geburt, um da so richtig von Herzen hineinzufinden. Das kostet Zeit. Und das muss man aushalten und miteinander in einem Lernprozess bleiben. So ein Übergang ist eine großartige Gelegenheit, auch für ein Unternehmen.

Phase 2: Die drei Herausforderungen der Neutralen Zone

Die neutrale Zone stellt eine Zeit der Unsicherheit dar. Niemand scheint zu wissen, wo es lang geht. Daher gilt:

1. Schaffen Sie Übergangssysteme für die neutrale Zone
   - Begrenzen Sie die Zahl der Veränderungen, und erlauben Sie nur sinnvolle Veränderungen
   - Es kann hilfreich sein, zeitlich begrenzte Aufgabenfelder und Leitungsfunktionen einzurichten, um das Team gut durch diese Zeit zu führen
   - Setzen Sie kurzfristige Ziele, die realisierbar sind, damit die Mitarbeiter erkennen, dass es vorangeht
   - Setzen Sie nicht zu hohe Ziele; dies führt nur zu Frustration

2. Stärken Sie interne Beziehungen und Kommunikation
   - Achten Sie darauf, dass die Kommunikationsstruktur auf allen Ebenen funktioniert und in Bewegung bleibt
   - Schaffen Sie Raum für Beziehungspflege durch informelle Kommunikationsmöglichkeiten, und lernen Sie neu, gemeinsam zu feiern

3. Nutzen Sie die neutrale Zone auf kreative Weise
   - Erklären Sie durch Wort und Beispiel, dass jetzt die Zeit ist, bekannte Lösungswege in Frage zu stellen, um neue Lösungswege zu entdecken

- Schaffen Sie Raum, gemeinsam zu reflektieren und zu experimentieren, z. B. in Klausurtagungen, beim Brainstorming etc.
- Trainieren Sie Ihre Mitarbeiter in Kreativitätstechniken bzw. -prozessen
- Sehen Sie Verluste als eine Möglichkeit an, Neues zu lernen, neue Wege zu gehen, Verbesserungsvorschläge zu sammeln und diese in Aktionspläne umzusetzen
- Bieten Sie keine schnellen, endgültigen Lösungen an, um diese kreative neutrale Zone schneller zu verlassen, als es sinnvoll ist

In fünf Schritten zur Geburt kommen

Die dritte Phase ist dann die Geburt. Etwas kommt nur zur Geburt, wenn es eine klare Vision gibt. Was wollen wir, wo wollen wir hin? Lohnt es sich, zur anderen Seite überzusetzen? Was werden wir dort haben? Was bringt das für den Einzelnen und für das Ganze? Die Vision muss gut und bildhaft kommuniziert werden. Eine Führungsperson muss lernen, das so sichtbar zu machen, dass die anderen sich vorstellen können: Da will ich wirklich sein.

Führen heißt in diesem Sinne auch, eine klare Vision zu demonstrieren. Dazu muss es einen Schlachtplan geben, wie man das neue Land einnehmen will, wie das Schritt für Schritt gehen soll, wie das funktionieren kann. Und jeder muss in dieser neuen Struktur seinen individuellen Platz finden. Auch hier erscheint es einmal mehr interessant, Mose und seine Mitarbeiter zu studieren. Jeder erhielt einen Stamm, und jeder Stamm bekam einen Platz zugewiesen. Sie mussten alle ihren eigenen Platz erobern, gemeinsam aber auch das Ganze. Das war gut durchdacht.

Phase 3: In fünf Schritten zur Geburt kommen

1. Die Vision ausmalen
   - Beschreiben Sie die Vision vom „neuen Land“ so klar und nachvollziehbar, dass jeder, der dabei sein will, sich damit identifizieren kann
   - Malen Sie ein Bild vor Augen, wie die Zukunft aussehen und wie man sich dort „fühlen“ wird
   - Zeigen Sie den dreifachen Nutzen auf:
     → für den Kunden / Besucher
     → für die Mitarbeiter
     → für das Unternehmen / die Gemeinde
   - Verbinden Sie die Vision mit größeren Zielen
   - Verdeutlichen Sie die neue Identität durch prägende Symbole

2. Eine Strategie entwerfen
   - Definieren Sie sieben bis zehn strategisch wichtige Zielsetzungen für die nächsten drei Jahre
   - Entwickeln Sie im Team für jedes strategische Ziel einen Projektplan

Strategisches Ziel:			
Teilschritte:	VP	FD	K
Gesamt:			

VP → Verantwortliche Person FD → Fertigstellungsdatum K → Kosten

   - Vergleichen Sie alle strategischen Ziele und ihre Teilschritte miteinander und entwickeln Sie einen realistischen, aber anspruchsvollen Gesamtzeitplan

3. „Kampftruppe“ aufbauen
   - Erarbeiten Sie eine Potenzialübersicht aller Mitarbeiter, entdecken Sie so deren Fach-, Sozial-, Kommunikations-, Führungs- sowie strategische Kompetenzen
   - Trainieren Sie Ihre Mitarbeiter im Selbsttraining, bringen Sie ihnen bei, die eigenen Kompetenzen Schritt für Schritt konsequent auszubauen
   - Finden Sie für jeden Teilschritt der sieben bis zehn strategischen Ziele einen verantwortlichen Mitarbeiter und stellen Sie Projektteams zusammen
   - Setzen Sie Projektleiter und -assistenten ein für jedes strategische Ziel, die verantwortlich sind für dessen Realisierung

4. Hartnäckig durchziehen
   - Lassen Sie sich nicht durch Störungen oder zu viele „auch noch so nette Möglichkeiten“ ablenken

- Setzen Sie regelmäßige „Meetingpoints", an denen die Teams bisherige Erfolge feiern, Engpässe lokalisieren und neue Schärfe in die Projektziele hineinbringen können und sollen. Eine Projektleiterrunde und die Projektteams sollten auf diese Art und Weise sechs- bis zehnmal pro Jahr reflektieren
- Suchen Sie sich selbst einen Coach, der Sie berät, damit Sie als Leiter Ihre eigenen Kompetenzen ebenfalls weiter ausbauen können
- Pflegen Sie auf intensive Weise ihre geistliche, seelische und körperliche Fitness, um auf lange Sicht gesund den vorgenommenen Weg gehen zu können

5. Großzügig feiern
   - Jede Feier ist ein Symbol. Es bedeutet: Dankbarkeit ist ein Teil unseres Wertesystems. Wir bauen auf den Einsatz aller Mitarbeiter, die Partnerschaft unserer Kunden und die Unterstützung „von oben"
   - Jede Feier stellt eine Möglichkeit dar, die Würde unserer Mitarbeiter und Kunden anzuerkennen und sie dadurch im tiefsten Sinne aufzubauen
   - Man muss auch einfach mal Spaß miteinander haben können und gemeinsam lernen, das Leben zu genießen, denn wer nicht genießt, wird ungenießbar
   - Feiern Sie Erfolge und belohnen Sie sich auch nach Misserfolgen, denn dass es sie gibt, ist immer ein Grund zum Feiern

Sie sehen also: Jede Veränderung ist letztlich eine vielfache Chance zu lernen und als Organisation erwachsen zu werden. Wie im persönlichen Leben ist jede Übergangsphase eine Chance, gleichzeitig auch eine Herausforderung. Man kann sie verneinen und langsam degenerieren, man kann verzweifeln und vor Selbstmitleid vergehen, oder man kann sie als Realität bejahen, lernen, was zu lernen möglich ist – und dadurch mündig werden.

Weiterbildung

Der Begriff Weiterbildung ist eigentlich ein bisschen trocken, man sollte besser von „fördern und fordern" sprechen. Ich finde, das sind zwei schöne Begriffe. Das ist natürlich auch ein Wortspiel. Fördern und fordern, das ist es, was eine Führungskraft macht, und beides muss im Gleichgewicht erfolgen. Als Führungskraft fordere ich meine Leute heraus, das Beste zu geben, richtig mitzukommen, Ziele zu entwickeln, selbstständig zu werden. Ich fordere Leistung. Wir sind ja kein Nikolaus-Verein. Aber ich fördere auch, dass sie sich weiterentwickeln, dass sie ihre eigene Motivation, ihre eigenen Möglichkeiten entdecken. Dafür investiere ich Zeit. Und beides beinhaltet der Begriff des Förderns.

Der Grundgedanke dabei ist: *Der Erfolg eines Managers ist der Erfolg seiner Mitarbeiter.* Das ist eine altbekannte Aussage. Das heißt, ein Manager ist erfolgreich in dem Maße, wie er seine Mitarbeiter erfolgreich macht. Denn dafür ist er da. Er ist nicht da, um selbst die Arbeit zu tun, sondern um den Mitarbeitern zu helfen, dass sie die Arbeit tun. Das ist seine Aufgabe. Und man kann den Erfolg eines Leiters, einer Führungskraft daran messen, wie erfolgreich seine Mitarbeiter sind. Zwar ist daran nicht ablesbar, ob er selbst fachlich super ist, das sollte er natürlich auch sein, keine Frage. Aber das ist nicht sein Erfolg, das wäre einfach seine fachliche Kompetenz. Aber sein Erfolg als Leiter zeigt sich darin, dass seine Mitarbeiter erfolgreich sind. Und das ist eine wichtige Kunst.

Die Weiterbildung von Mitarbeitern ist ein Teil davon. Es gibt eine Person der Weltgeschichte, die in diesem Sinne sehr erfolgreich war. Dieser bedeutende Mensch hatte Mitarbeiter, die er hervorragend ausbildete, auf höchstem Intelligenzlevel und pädagogisch sauber durchdacht. Und diese Mitarbeiter haben dann eine erstaunliche Arbeit geleistet. Und in diesem Sinne war Jesus Christus eine der erfolgreichsten Führungspersönlichkeiten der Menschheitsgeschichte. Das ist kein Witz, auch kein Märchen –, ich denke einfach nur einmal in historischen Kategorien. Er hat drei Jahre lang zwölf Mitarbeiter hervorragend ausgebildet. Wir bieten einen Intelligenztest an, und dabei entdeckt man unterschiedliche Denkformen. Daran, wie Jesus seine Leute ausgebildet hat, kann man auch die verschiedenen Grundspielarten des Denkens studieren. Er hat alle diese wichtigen Denkvoraussetzungen, die man für Führung braucht in ihnen ausgebildet, indem er mit ihnen gearbeitet hat. Es waren also nicht nur drei Jahre mit Umherwandern, Ähren pflücken, schöne Geschichten erzählen, Wunder und Zeichen tun, sondern das war über drei Jahre hinweg eine exzellente Ausbildung. Interessant sind seine Grundgedanken über Menschenführung nicht zuletzt deshalb, weil er erfolgreich war. Die zwölf Jünger haben die damalige Gesellschaft völlig verändert, das ganze römische Reich auf den Kopf gestellt; innerhalb von 300 Jahren hat die junge Kirche eine große Wandlung bewirkt und die Grundlage gelegt für alles, was wir heute machen. Und ich verweise deshalb gerne auf zwei Grundaussagen der Bibel, die zeigen, wie Jesus geführt hat.

In Matthäus 20 finden wir folgende Situation: Da waren zwei junge Männer, deren Mutter wollte mit aller Gewalt erreichen, dass beide eine Chefposition erhielten. Sie kam zu Jesus und sagte: „Kannst du meine

Söhne nicht rechts und links neben dich setzen, wenn du deine Herrschaft etabliert hast“, und dann erwiderte er: „Das geht nicht, denn ich entscheide nicht, wo ihr sitzt, rechts oder links, sondern es geht um etwas ganz anderes“.

Die übrigen Jünger waren sauer, denn sie hatten mitgehört, aber Jesus rief sie zu sich und sagte: „Ihr wisst: die Fürsten halten ihre Völker nieder und die Mächtigen tun ihnen Gewalt“ – das ist auch eine Art von Führungsstil – „so soll es nicht unter euch sein, sondern wer groß sein will unter euch, der sei euer Diener, und wer der Erste sein will unter euch, der sei euer Knecht. Gleichwie der Menschensohn nicht gekommen ist, dass er sich dienen lasse, sondern dass er diene und gebe sein Leben zu einer Erlösung von vielen.“

In der damaligen Zeit gab es einen Herrn, der hatte Knechte und sagte zu diesen: „Wenn ihr Chef sein wollt, ist das zunächst einmal kein Problem. Wenn ihr vorne mitmischen wollt, dann ist das klasse! Das ist nicht das Problem. Dann müsst ihr nur lernen zu dienen.“

Was heißt nun dienen? In der damaligen Zeit hieß es, als Knecht den eigenen Chef erfolgreich zu machen. Die Knechte damals waren Leute, die ein Leben lang mit ihrem Herrn zusammen waren, nur um den Herrn erfolgreich zu machen. Sie verwalteten sein Gut und taten alles, damit der Chef erfolgreich war.

Jesus sagt: Wenn du andere führen willst, musst du das Prinzip lernen. Das Prinzip ist: Andere erfolgreich zu machen. Und das lernst du, indem du dich ihnen zur Verfügung stellst.

Das Grundsatzprinzip lautet also: Andere erfolgreich machen. Das ist Führen. Das ist ein exzellentes Prinzip. Es ist schon 2000 Jahre alt.

Ein zweites Beispiel: Johannes 10. Es geht hier um den guten Hirten, d.h. um eine kompetente Führungsperson. Da sagt Jesus: „Der Schafhirt geht durch die Tür hinein; der Wächter am Eingang öffnet ihm. Die Schafe erkennen seine Stimme; er ruft die, die ihm gehören, einzeln beim Namen und führt sie ins Freie. Wenn sie alle draußen sind, geht er vor ihnen her“ – Führen von Vorne – „und sie folgen ihm, weil sie seine Stimme kennen.“ Hier wird zusammengefasst, was zu einer effizienten und starken Führung dazugehört.

Zwei Dinge:

Erstens: Eine Führungsperson kennt ihre Mitarbeiter. Wenn man jemanden erfolgreich machen will, muss man diesen Jemand kennen. Das entspricht der Geschichte. Ein Hirte kennt seine Schafe. 100 bis 150 Schafe, er kannte sie alle beim Namen. Und der Name war für die Hebräer die Beschreibung des gesamten Charakters. Das heißt, eine Führungsperson kennt die Mitarbeiter, sie kennt ihren Charakter, ihre Stärken, ihre Grenzen und sie weiß auch, was für jeden Einzelnen Erfolg bedeutet.

Wenn wir vom „Erfolg des Mitarbeiters“ sprechen, was meint hier Erfolg?

Erfolg ist so individuell, wie es Menschen gibt. Erfolg ist auf jeden Fall nicht gleichzusetzen mit Status oder Geld, weder mit einer Position noch mit materiellen Gütern. Erfolg ist immer an eine konkrete Person gebunden. Wenn z. B. jemand unheimlich gut erzählen kann, dann meint Erfolg, ein wirklicher Erzählprofi zu werden, die Begabung voll auszuschöpfen und das Talent zu optimieren. Wenn jemand sehr gut rechnen kann, dann ist er nicht erfolgreich, wenn er jetzt mit Tanzen anfängt und da alle Energie investiert. Wenn er also etwas, was er vielleicht gar nicht kann, nun zu seinem Trainingsgelände erklärt, wo er nur ein bisschen Ahnung hat und kaum Fertigkeiten. Und womöglich beschäftigen sich Menschen manchmal ein Leben lang mit etwas, was eigentlich gar nicht ihrer Begabung entspricht. Das ist kein Erfolg.

Erfolg heißt: Zu entdecken, was ich kann – und es zur Entfaltung bringen. Das ist ja auch meine persönliche Grundverantwortung, dass ich das tue, eben meine Talente so einzusetzen, dass sie zur Entfaltung kommen.

Erfolg ist also nicht identisch mit irgendeiner Form von Status. Erfolg hat zu tun mit meinen Talenten. Meine – wenn man so will – Berufung zu entdecken und sie auszuleben. Das wäre Erfolg. Den für mein Leben erkannten Sinn erfüllen. Wenn ich jemanden erfolgreich machen will auf diese Art und Weise, muss ich ihn also kennen. Die Mitarbeiter kennen – das ist die Grundvoraussetzung für alles Weitere, was Erfolg genannt werden soll. Wenn ich jemanden fördern will, weiterbilden will, dann muss ich ihn erst kennen.

Der zweite Aspekt in dieser Geschichte lautet: Die Schafe folgen ihm nach, weil sie seine Stimme kennen, d. h. die zweite Grundvoraussetzung ist, gekannt sein. Und gekannt sein hat zu tun mit Vertrauen. *Man kann nur jemandem vertrauen, den man kennt. Und man sollte nur jemandem folgen, dem man vertraut.*

Weiterbildung hat damit zu tun, den jeweiligen Mitarbeiter zu kennen und selbst auch gekannt zu sein. Das geht nur durch Kommunikation.

Wie kann man das praktisch machen? Wie sieht also die Weiterbildungspraxis aus?

Ich habe da etwa zwei oder drei Mitarbeiter, vielleicht auch 10 oder 20. Wie organisiere ich jetzt deren Weiterbildung?

Der Grundsatz ist klar: Es geht um meine Haltung; ich muss sie kennen, um sie weiterbilden zu können, um sie zu fördern. Wie mache ich das?

Das Potenzial erkennen

Der erste Schritt hier ist, das Potenzial zu erkennen. Es gibt dazu auch eine Übersicht (ab S. 59). Der zweite Schritt besteht darin, das Potenzial zu erfassen. Und der dritte Schritt liegt in der Zielvereinbarung.

Die Weiterbildung meiner Mitarbeiter fängt damit an, dass ich ihr Potenzial erkenne, dass ich überhaupt erkenne, was sie an Fähigkeiten und Talenten mitbringen. Was können sie?

Wie erkenne ich bei meinen Leuten das Potenzial? Was muss ich dafür tun?

Fangen wir doch einfach mal mit dem *Beobachten* an, und das scheint ja ganz leicht zu sein. Einfach beobachten. Allerdings ist die Frage: Wie? Ist Ihnen schon einmal aufgefallen, wenn Sie Ihre Mitarbeiter sehen, dass Sie relativ leicht sehen, was sie nicht richtig machen? Wenn was nicht richtig läuft, fällt Ihnen das relativ gut auf, und Sie behalten das auch relativ gut.

Das hat damit zu tun, dass wir darauf konditioniert sind. Durch unsere kritische Ausbildung, unser kritisches Denken sind wir darauf ausgerichtet, zu sehen, was nicht läuft.

Immer dieses Engpassdenken! Wir suchen oft mit viel Engagement den Engpass. Wo ist der Knotenpunkt? Warum funktioniert es nicht? Was stimmt hier nicht?

Durch unsere Gesellschaft wird man darauf ausgerichtet. Nicht jeder Mensch ist so.

Es ist ein zwangsläufiger Ablauf in dem Sinne, dass wir in unserer Gesellschaft und von unserem Denken her stark geprägt werden. Wenn ich für etwas verantwortlich bin, für meine ureigene Aufgabe, und andere arbeiten dann daran, kann es passieren, dass ich nur sehe, was sie falsch machen. Das läuft schon fast automatisch. Unser Denken ist fehlerfokussiert.

Schon das Beobachten machen wir eher auf der Negativspur, weil wir es auch so gelernt haben. Wir werden geprägt, die Negativdinge zu sehen. Beim Fernsehen ist es genauso: Wir sehen ja fast nur Negativberichte, weil das interessant ist. Oder nehmen wir das Beispiel Schule: Wie werden wir bewertet? Alle Fehler werden mit Rot unterstrichen. Die sehen wir.

Das Gute braucht man offensichtlich gar nicht erst zu unterstreichen, das wäre ja langweilig. Das ist sowieso klar. Wir sind stark fixiert auf das Negative. Und das ist in Deutschland (im Vergleich zu Holland etwa) noch intensiver, weil Deutsche eine große Stärke darin haben, stets perfekt sein zu wollen. Und perfekt kann nur der sein, der alle Fehler sieht und sie ausmerzt. In Deutschland haben wir also noch stärker damit zu kämpfen.

Aber was sollen und können wir daran ändern?

Eine schlechte Gewohnheit kann man nicht ändern, indem man sie immer wieder neu besieht! Dann wären wir wie das Kaninchen, das auf die Schlange starrt. Das hilft uns nicht.

Das Einzige, was eine Chance hat, ist eine andere Gewohnheit zu trainieren. Also eine positive Gewohnheit für die negative zu erwerben. Das ist ähnlich wie bei der Kindererziehung. Wir sehen als Eltern oft nur das, was schlecht läuft. Aber wenn ich nur das sehe, dann erhalten Kinder von mir auch nur die Botschaft: So wie du bist, bist du nicht o.k., denn das, was ich sehe, ist alles nicht o.k. Und ein Kind übersetzt ein solches „ich bin nicht o.k.“: nicht, was ich mache, ist nicht o.k., sondern alles, was über mich gesagt und gedacht wird, ist, dass ich nicht o.k. bin; offensichtlich bin ich also nicht o.k. So denkt ein Kind, das in diesem Raum namens Nicht-o.k. leben muss. Und dann formt dieses Kind immer mehr ein entsprechendes Bild über sich selbst.

Daher ist es wichtig, gerade hier sensibel zu sein und positive Gewohnheiten zu entwickeln, das Positive hervorzuheben, Lob und Wertschätzung immer wieder zum Ausdruck zu bringen. Lernen Sie, Menschen zu beobachten! Was tun sie gut? Was können sie? Was macht sie einzigartig?

Jette Joop, die berühmte Designerin, Tochter des legendären Modegurus Wolfgang Joop, sagte kürzlich in einem Interview in der BUNTEN: Mich inspiriert es enorm, wenn ich in der Lobby eines Luxushotels sitze, und ich beobachte die Leute. Ich merke dann, was die aktuellen Trendmuster sind. Man muss kein Modeschöpfer sein, um scharf zu beobachten und neue Habits zu entziffern. Gutes Beobachten ist eine wirklich wichtige Kunst für eine gelingende Unternehmenskultur.

Ein Unternehmen mit einer soliden und innovativen Kultur des genauen Hinsehens hat Zukunft. Wer das Ganze mit einem weiten Herzen und offenem Verstand tut, kann sehr viel wahrnehmen, was zu intensivieren oder zu ergänzen ist, damit das Miteinander gelingt.

Wie schon gesagt: Die negativen Dinge sind oft störend im Vordergrund, obwohl auch so viel an Positivem zu nennen oder hervorzuheben wäre.

Manchmal sind es auch die Gewohnheiten, die uns auf die Palme bringen, weil sie uns nicht passen. Wenn jemand zum Beispiel einfach zuviel spricht, kann das so störend sein, dass ich nichts mehr erkenne. Wenn man aber überlegt, dass die größte Schwäche eigentlich fast immer die Umkehrung einer Stärke ist, dann heißt in diesem konkreten Fall die Stärke eben „reden“ (umgangssprachlich würde man hier „labern“ sagen ...). Und wenn jemand seine große Stärke nicht fest im Griff hat, dann redet er zuviel – und das wird dann zur größten Schwäche.

Es ist manchmal lohnenswert, zu versuchen, diese Negativseite im Kopf einmal umzudrehen, um zu sehen, welche Stärke dahinterstehen könnte.

Jemand ist etwa in einer Sache kompetent und entscheidet immer ohne vorherige Rückfrage. Er ist, wie man neudeutsch sagt, einfach ein „Brutalo". Die Stärke ist, dass er selbstständig denken kann, dass er „sein Ding" durchzieht. Und es erfordert ein sehr bewusstes Training, um das Positive bei jemand anderem zu entdecken. Das aber gehört zum Führen maßgeblich mit dazu!

Das ist die Grundvoraussetzung, um Menschen zu führen: Zu entdecken, was der oder die Einzelne gut kann. Was ist seine/ihre Einzigartigkeit? Und wie kann ich das fördern?

Das ist eine Frage des Trainings. Man muss eine Gewohnheit daraus machen. Dieses Beobachten muss zu einem Hobby werden, zu einer Art Lebensstil. Aber es ist schon gut, wenn Sie mit zwei Gesprächen beginnen und sich dann vorher genau überlegen, was dieser Mitarbeiter gut gemacht hat. Das ist schon ein guter Schritt nach vorne. Ich gehe später beim ABC des Coaching darauf ein, dann reden wir über Lob und Anerkennung. Ich kann ja nur loben, wenn der andere etwas Gutes gemacht hat. Und das Loben sollte wirklich regelmäßig geschehen, mindestens einmal pro Woche. Das heißt, ich muss mich also schon mental darauf einstellen und beobachten, was er gut macht, um das dann auch lobend erwähnen zu können. Dies hat, wie eben gesagt, mit einem Lebensstil zu tun. Die Beobachterhaltung sollte sich zu einer guten Gewohnheit entwickeln.

Nach diesem ersten Schritt des Beobachtens geht es aber weiter:

Es ist ganz wichtig, dass ich *Positives auch aufschreibe*. Das Beobachten ist nur der eine Aspekt. Wenn ich positive Gedanken nur im Kopf habe, sie nicht aufschreibe, dann vergesse ich sie schnell wieder, sie werden verdrängt durch viele andere Dinge, die wir tun.

Also fangen Sie gleich damit an, eine kleine Personalakte zu führen über die Mitarbeiter, die Sie betreuen. Notieren Sie alles, was Sie an Positivem beobachten. Wo sind ihre Stärken? Was können sie in ausgezeichneter Weise? Wo entdecke ich ein Talent? Dies geschieht nicht nur durchs Beobachten, das natürlich auch, sondern auch mittels geeigneter Fragen.

Wer mit offenem Auge und gezielten Fragen hantiert, kann vieles nach vorne bringen.

Gute Fragen stellen, das wäre also eine sehr sinnvolle „Technik" bei der Mitarbeiterbegleitung. Mitarbeitergespräche können wir dazu benutzen, den Mitarbeiter zu fragen, was ihm Spaß macht, was ihn begeistert an der Arbeit, die er jetzt macht, welche Bereiche er am liebsten mag, wie er sich dort weiterentwickeln will. Durch Fragen sehe ich mehr. Dabei sollte man nicht nur fragen: Was klappt nicht bei ihnen?, sondern: Was hat gut geklappt? Was funktioniert? Was begeistert sie? An welchem Punkt schlägt ihr Herz höher?

Ein großes Vorbild für mich im Fragen stellen ist Roger Willemsen. Er hat bis vor vier Jahren eine Talkshow moderiert und hatte immer drei Gäste. Pro Gast nahm er sich 20 Minuten Zeit. Und er war ein Meister in respektvollem Fragen, das war geradezu unglaublich. Er hat sich immer einen ganzen Tag pro Person vorbereitet, hat über sie nachgelesen, ihre Geschichte, wo sie herkommt, welche Familienkonstellation vorliegt, welche Bücher es über sie gab. Wenn es Filme gab, die seine Talkgäste gedreht hatten, dann hat er sich die vorher angesehen. Pro Gast also einen ganzen Tag Vorbereitungszeit, um zu beobachten und zu entdecken, was er kann, wo er einzigartig ist.

Und dann hat er eine Serie von Fragen aufgeschrieben, die hat er auf die Leute losgelassen und das Gespräch sehr anregend und kompetent geführt. Und die Leute konnten in 20 Minuten eigentlich fast nur positiv über sich erzählen. Er hat sie nicht fertig gemacht, sondern gekonnt nachgefragt, und die Interviewgäste wurden immer mit Respekt behandelt. Zum Schluss, nach 20 Minuten, standen sie dann toll da.

Die Leute wollten immer gerne in seine Show kommen, verständlicherweise.

Er war ein Künstler darin, gute Fragen zu stellen.

Interessant dabei war, dass diese Show nicht so attraktiv zu sein schien, weil dort keine dreckige Wäsche gewaschen wurde. Und sie wurde daher immer weiter nach hinten verschoben. Erst war die Sendezeit von 22 bis 23 Uhr, dann von 22.30 bis 23.30 Uhr, später war sie von 23.30 bis 0.30 Uhr – und schließlich war die Sendung ganz verschwunden.

Bei Willemsen habe ich einiges gelernt. Ich habe einfach die Show angesehen. In Holland gibt es auch einen Talkmaster, der das ähnlich aufzieht. Wenn möglich, sehe ich mir diese Sendung immer an. Es gibt Leute, die können gute Fragen stellen, die interessieren sich wirklich für eine andere Person. Sie wollen den anderen kennen lernen und begegnen ihm mit großem Respekt. Und sie bleiben dabei lernfähig.

Wenn ich als Führungsperson jemanden kennen lernen will, muss ich mich als lernfähig erweisen. Gute Fragen können dabei sehr behilflich sein. Fangen Sie an mit den Leuten, die Ihnen am nächsten stehen. Wenn Sie z. B. verheiratet sind, lernen Sie Ihren Mann bzw. Ihre Frau oder Ihre Kinder durch gute Fragen intensiv kennen. Schreiben Sie auf, was sie gut können, entdecken Sie neu die Stärken Ihrer Familienmitglieder.

Ich gebe Ihnen ein Beispiel, aber so muss es bei Ihnen nicht laufen. Ich habe z. B. für jeden Mitarbeiter eine Übersicht angefertigt, an oberster Stelle steht natürlich: Silvia Donders, meine Frau. Sie ist für einen gewissen Arbeitsbereich verantwortlich, und da habe ich nun aufgeschrieben, wo ihre großen Kompetenzen sind, was sie wirklich gut kann, nämlich Neues ausfindig machen („Pionier spielen"), Ordnung schaffen, leiten, motivieren, überzeugen, singen und den Garten gestalten. Das sind Dinge, die kann sie unheimlich gut. Hinzu kommt ihr DISG-Profil. Es sagt etwas aus über ihre Persönlichkeit, was ihre größte Motivation ist. Ich werde jetzt nicht alles erzählen, etwa die Antworten auf Fragen wie: Wo sieht sie ihre Berufung, was sieht sie für ihr Leben für wichtig an, was ist ihre Lebensperspektive, wo liegen ihre Prioritäten?

Und dann habe ich eine Liste mit Wünschen. Die habe ich übrigens für alle angefertigt.

Bei meiner Frau steht auf der Wunschliste ganz oben Laura No. 1 (ein Parfüm), Bummeln, Ikea, bunte Blumen und Tulpen, Schuhe, Formel 1 (Schumacher), Garten, Hawaii – es gibt eine ganze Menge Dinge, die sie schön findet.

Ich spreche hier also nur davon, Dinge aufzuschreiben, die ich beobachte, denn ich will meine Leute ja auch wirklich begreifen. Ich sammle auch Informationen im Rahmen von Mitarbeitergesprächen, die ich mitgeschrieben habe. Hier noch ein Beispiel von einem Mann, dessen Kompetenzspektrum lautet: Beraten, musizieren, verhandeln, entscheiden, planen, entwickeln, organisieren, unterrichten, strukturieren, führen, überzeugen, verwalten.

Auch bei ihm habe ich etwas über sein DISG-Profil notiert, wo seine Stärken liegen, seine Berufung, was er als Perspektive hat.

Seine Wünsche: Schokolade, Nutella, Sauna, Kartfahren, Katamaran, Schottlandreisen, Uhren, Alfa Spider, Wohnhausdesign. Also: Worum geht es mir? Ich will begreifen, wer meine Mitarbeiter sind. Wenn ich die Dinge nicht mitschreibe, sondern sie nur hin und wieder so nebenbei einmal festhalte, dann verschwindet das irgendwo, besonders wenn man mehrere Mitarbeiter hat.

Wenn ich ein Mitarbeitergespräch führen will, dann sehe ich zunächst durch, was ich mir alles aufgeschrieben habe, besonders das letzte Mitarbeitergespräch, das wir gehabt haben. Dann bin ich wieder vorbereitet für das nächste Gespräch.

Da ich mein Heft immer dabei habe, kann ich auch immer weitere Dinge dazu schreiben. So mache ich das. Sie haben vielleicht eine andere Methode. Aber aufschreiben lohnt sich – und es ist eine unglaublich hilfreiche Übung.

Fangen Sie doch selbst gleich damit an. Eine kleine Übung dazu:

Schreiben Sie drei Personen auf, die Sie fördern möchten; bei jeder dieser drei Personen werden dann drei Stärken, also positive Fähigkeiten, hinzugefügt – das ist alles. Dies können Ihre Mitarbeiter sein, die Familie, einfach drei Personen, die Sie fördern möchten.

Halten wir fest: Es ist wichtig, das Mitarbeiter-Potenzial zu erkennen, die Mitarbeiter, für die ich direkt verantwortlich bin, zu beobachten. Ich sammle Infos zu den einzelnen Mitarbeitern, indem ich den jeweiligen Namen auf ein Blatt schreibe und darunter sammle, was ich über diese Person weiß. Für das nächste Mitarbeitergespräch kann ich mich dann so vorbereiten und die bisherigen Erkenntnisse bei jeder weiteren Begegnung und Beobachtung ergänzen.

Das Potenzial erfassen

Auch hier kann man mit verschiedensten Testverfahren arbeiten. Wir reden aber jetzt nur über das Notwendigste.

Wir sprechen hier von einem Potenzial auf fünf Ebenen: zuerst die *Fachkompetenz,* zweitens *Sozialkompetenz,* drittens *kommunikative Kompetenz,* viertens *Führungskompetenz* und zuletzt die *strategische Kompetenz.*

Jeder Mensch besitzt hier einen Anteil. Und die Aufgabe lautet, das Potenzial zu erkennen, welches in jedem einzelnen Mitarbeiter steckt, ihn sehr genau wahrzunehmen.

Zunächst also die Fachkompetenz. Wir fragen hier: Was sind die Stärken, die er selbst sieht? Und dann: Welche Stärken sehe ich bei ihm? Ich kann hierbei einfach im Gespräch Informationen sammeln. Den Mitarbeiter könnte ich etwa fragen, wo er fachlich gut ist. Was macht ihm wirklich Spaß? Ich sollte dabei mitschreiben, damit er seine eigenen Stärken sieht und für sich selbst reflektiert, vielleicht im Gespräch auch noch neue Aspekte entdeckt und ich so weitere Punkte ergänzen kann. Hier geht es, wohlgemerkt, ums Fachliche, um sein Fachgebiet.

Neben den Stärken gibt es Lücken, man könnte auch Schwächen sagen, aber ich rede etwas aktiver, wenn ich von Lücken rede. Die kann man schließen oder auch akzeptieren. Unter einer Schwäche kann man nur leiden. Also Lücken, die er selbst sieht und Lücken, die ich eventuell sehe. Auch hier haben wir wieder zwei verschiedene Möglichkeiten. Ich kann mit jedem Mitarbeiter ein Gespräch führen und sagen: „Wo siehst du bei deiner Fachkompetenz die Stärken? Was kannst du richtig gut? Und wo gibt es noch Lücken? Wo gibt es noch Dinge, bei denen du dich weiterentwickeln willst? An welcher Stelle würde es Sinn machen, noch einmal richtig einzusteigen, fachlich gesehen?“ Das geht aber nur, wenn Vertrauen da ist. Und das muss ich aufbauen.

Es gibt eine Spalte in meinem Heft mit „Ideen“. Wenn wir dieses Gespräch geführt haben, trage ich ein, was für Ideen er selbst hat, beziehungsweise wie er die Lücken schließen oder seine vorhandenen Stärken ausbauen könnte. Ein einfaches „Modell“: Lücken schließen, Stärken ausbauen. Die Lücken aufspüren und nachlegen, vorhandene Fertigkeiten vertiefen und neue Stärken dazugewinnen. Kompetenzen steigern, indem ich ihm helfe, seine Ideen umzusetzen und sich weitere Fertigkeiten anzueignen.

Was sieht er selbst? Und entscheidend ist, dass ich da bin, ihm zu helfen, sich selbst besser zu verstehen. Seine eigenen Stärken zu verstehen, sie definieren können, darüber reden zu können.

Das waren Gedanken zum Bereich der Fachkompetenz. Die ist natürlich bei jedem anders. Einer ist Software-Entwickler, ein anderer arbeitet im Krankenhaus, es ist überall anders, aber das Fachliche kann und muss beurteilt werden. Wichtig ist, dass der Mitarbeiter dies selbst tut – und dass auch mein Urteil mit einfließt. Beides muss zusammenkommen.

Der Kompetenzworkshop

Herzlich willkommen in diesem Workshop! Sie haben jetzt schon eine positive Entscheidung getroffen. Warum? Weil Sie Zeit und Gedanken investieren in Ihre eigene Entwicklung.

Dieser Workshop ist entwickelt worden, nachdem wir in den letzten zwölf Jahren mit weit über tausend Personen in unterschiedlichsten Entwicklungsprozessen gearbeitet haben.

Wir nennen es bewusst „Workshop“ – und nicht „Test“ –, weil es ein Selbsteinschätzungsinstrument ist. Sie schätzen Ihre Kompetenzen in fünf verschiedenen Bereichen ein. Anschließend schätzt Ihr Coach (Mentor oder Vorgesetzter) oder Partner Sie auf den gleichen fünf Bereichen ein.

Diese beiden Einschätzungen dienen als Grundlage eines Gespräches zwischen Ihnen und Ihrem Coach bzw. Partner. Das Ziel dabei ist, zusammen einen Aktionsplan zu entwickeln. Dieser Aktionsplan soll die Lern- und Trainingsziele zunächst für das kommende Jahr und dann für die nächsten drei Jahre zusammenfassen.

Wichtig dabei ist, sowohl die schwachen Punkte zu bearbeiten, die für Sie Engpässe sind für Ihre Arbeit und Ihre Beziehungen, als auch die Stärken weiterzuentwickeln.

Dieses Instrument ist sehr geeignet, es einmal pro Jahr einzusetzen, damit Sie selbst und Ihr Coach oder Partner Ihre Weiterentwicklung bewerten können.

Wir wünschen Ihnen viel Spaß und das Empfinden einer positiven Herausforderung beim Durcharbeiten des folgenden Workshops. Ohne Spaß läuft nichts. Auch bei der Arbeit.

Anleitung zum Kompetenzworkshop:

1. Selbsteinschätzung:
   1.1 Tragen Sie auf Seite 61 die Fachkompetenzen ein, die für Ihre Arbeitssituation entscheidend sind.
   1.2 Bitten Sie Ihren Coach oder Partner, diese Fachkompetenzen zu ergänzen mit dem, was Sie für Ihre Arbeitssituation am Wichtigsten halten.
   1.3 Fangen Sie mit der Selbsteinschätzung an. Benutzen Sie alle fünf Kompetenzbereiche
   (Fach-, Führungs-, soziale, kommunikative und strategische Kompetenz).
   Die Frage, die Sie sich dabei jeweils stellen, lautet: „Wie stark oder schwach bin ich in dieser Kompetenz?"
   Drücken Sie das in folgenden Kategorien aus:
   5 – ungenügend
   4 – ausreichend
   3 – befriedigend
   2 – gut
   1 – sehr gut
   1.4 Zählen Sie nun die Punkte für einen Bereich zusammen, teilen Sie anschließend das Ergebnis durch 5. Schreiben Sie das Ergebnis neben dem Hauptbegriff auf.
   Beispiel:

Zuhören: 15 : 5 = 3	**5**	**4**	**3**	**2**	**1**	**Impulse/Ideen/Kommentar**
• Gute Fragen stellen			X			
• Sich einfühlen können					X	
• Informationen zusammenfassen				X		
• Interesse am Menschen		X				
• Eigenes Reden beherrschen können	X					

   1.5 Fassen Sie alle Ergebnisse auf Seite 66 zusammen.
   1.6 Fangen Sie an, auf dieser Seite die ersten Trainingsideen zu sammeln.

2. Coach-Partner-Einschätzung
   Die gleiche Prozedur wie bei der Selbsteinschätzung, nur schätzt Sie jetzt Ihr Mitarbeiter oder Partner ein (Tabelle ab S. 67). Fassen Sie die Ergebnisse auf Seite 72 zusammen, wo Ihr Partner seine ersten Trainingsideen sammeln kann.

3. Gespräch zwischen Coach und Mitarbeiter
   3.1 Hören Sie zu, wie der andere die Einschätzung gemacht hat. Erklären Sie einander, warum Sie so bewertet haben.
   3.2 Tragen Sie jetzt gemeinsam auf Seite 73 die Einschätzung ein, in der Sie übereingekommen sind, was den Mitarbeiter zur Zeit realistisch-objektiv beschreibt.
   3.3 Entwickeln Sie jetzt gemeinsam einen Lernplan für ein Jahr auf Seite 74 sowie einen Lernplan für drei Jahre auf Seite 75.

Erklärung der einzelnen Spalten:
- Zeit: Hier können Sie eintragen, wie viele Stunden Sie pro Woche für diesen einzelnen Punkt investieren wollen. Aber Sie können auch angeben, bis wann Sie dieses Lernprojekt abgeschlossen haben möchten.
- Coach: Hier können Sie Namen von Personen aus dem Arbeits- oder Privatbereich aufschreiben, die Sie coachen können bezüglich der Kompetenz, die Sie weiterentwickeln können.
- Geld: Hier können Sie die verschiedenen Kosten festhalten, um daraus ein Budget zu erstellen.

4. Jährliche Auswertung
   4.1 Um eine Weiterentwicklung der einzelnen Kompetenzbereiche beobachten, beurteilen und vor allem motivieren zu können, ist es sinnvoll, pro Jahr einmal den Kompetenzworkshop zu wiederholen. Sowohl der Mitarbeiter als auch der Coach können so die Entwicklung des Mitarbeiters leicht dokumentieren und transparent machen.
   4.2 Der Kompetenzworkshop darf zwar nicht kopiert werden, aber er kann bei pmt-Deutschland preisgünstig bestellt werden:
   Fax: 0231/52 88 30, Tel: 0231/52 88 82
   e-mail: mail@my-pmt.de
   Post geht an:
   pmt e.V.
   Arminiusstrasse 81
   44369 Dortmund
   Deutschland

1. Einschätzung I

Fachkompetenz	5	4	3	2	1	Ideen
Z. B. könnte hier ein Malermeister eintragen: Farbeinschätzung						
Materialwissen über Farben						
Materialwissen über Geräte						
Kenntnisse von Bauvorschriften						
Ein EDV-Fachmann würde schreiben: Kenntnisse von Programmen						
Tragen Sie hier nun fünf Fachkompetenzen ein, die für Ihren Beruf von Bedeutung sind:						

2. Einschätzung I

Sozialkompetenz	5	4	3	2	1	Ideen
Selbsterkenntnis – gesamt:						
● Eigene Stärken kennen ● Eigene Schwächen kennen ● Persönliche Lernziele haben ● Ganzheitliche Selbstakzeptanz ● Eigene Wünsche kennen						
Zuhören – gesamt:						
● Gute Fragen stellen ● Sich einfühlen können ● Informationen zusammenfassen ● Interesse am Menschen ● Eigenes Reden beherrschen können						
Zeitmanagement – gesamt:						
● Persönliche Lebensziele setzen ● Prioritäten setzen ● Effektiv arbeiten ● Strukturiert entscheiden können ● Arbeiten sauber zu Ende führen						
Teamfähigkeit – gesamt:						
● Dialogfähigkeit ● Stärken der anderen erkennen ● Konfliktfähigkeit ● Bereitschaft zur Ergänzung durch andere ● Dienstbereitschaft						
Etikette – gesamt:						
● Respekt zeigen und empfinden ● Persönlicher Kleidungsstil ● Körperpflege ● Respekt vor Mann/Frau haben und ausdrücken ● Gespür für allgemeine Benimmregeln						

2. Einschätzung I

Kommunikative Kompetenz	5	4	3	2	1	Ideen
Präsentieren – gesamt:						
• Einleben in Zielgruppen • Strukturieren von Informationen • Erzählen können • Begeistern • Medien gezielt einsetzen						
Moderieren – gesamt:						
• Verständnis von Prozessen und Dynamik einer Gruppe • Analytisch zuhören • Gesprächsführung von Gruppen • Strukturieren und zusammenfassen • Schlichtungsfähigkeit						
Verkaufen – gesamt:						
• Einfühlungsvermögen • Begeisterungsfähigkeit • Interesse an der Andersartigkeit von Menschen • Gewinnendes Auftreten • Überzeugungskraft						
Kundendienst – gesamt:						
• Freundlichkeit • Zuhören können • Hilfsbereitschaft • Zuverlässigkeit • Eigenständige und kreative Problemlösefähigkeit						
Rhetorik – gesamt:						
• Sicherheit im Ausdruck • Klare Körpersprache und Verständnis davon • Schnelles Analysieren und Zusammenfassen • Beherrschen von Stimme und Tonlage • Argumentationsstärke						

2. Einschätzung I

Führungskompetenz	5	4	3	2	1	Ideen
Delegieren – gesamt:						
● In Aufgaben einführen ● Ausbilden zu höherer Kompetenz ● In die Selbstständigkeit begleiten ● Übergeben von Autorität und Verantwortung ● Präsent bleiben nach der Delegation (Kontaktpflege)						
Mentoring – gesamt:						
● Potenzial einschätzen ● Potenzial analysieren ● Trainingsprogramme entwickeln ● Zur Selbstreflexion anleiten ● Beraten						
Coaching – gesamt:						
● Leistung beurteilen ● Mit Mitarbeitern Ziele setzen ● Loben ● Konstruktive Kritik üben ● Selbstverantwortung und Selbstbewusstsein trainieren						
Umgang mit Geld – gesamt:						
● Persönliche Finanzplanung ● Persönliche Vermögensbildung ● Umgang mit Team-Budgeterstellung ● Kostenkontrolle im Team ● Strategische Finanzplanung						
Mitarbeiter gewinnen – gesamt:						
● Zur Identifikation motivieren ● Visionen verkaufen können ● Einführung von Mitarbeitern ● Mitarbeiter zu Insidern machen ● Authentische Gastfreundschaft						

2. Einschätzung I

Strategische Kompetenz	5	4	3	2	1	Ideen
Strategie-Entwicklung – gesamt:						
• Analyse von geschichtlichen Ereignissen • Analyse von Kundengruppen/ Bedürfnissen • Analyse der Marktchancen von Produkten und Dienstleistungen • Definition von strategischen Zielen • Ausarbeiten und Koordinieren von Aktionsplänen						
Visionäres Denken – gesamt:						
• Unmögliches als Möglichkeit denken • Intuition für Marktchancen • Kreatives Denken • Visionen in verständlicher Sprache darstellen • Zukunftsszenarios entwickeln						
Organisationsentwicklung – gesamt:						
• Analyse von Engpässen in Strukturen • Optimierung von Abläufen • „Designen" von Strukturen und Organigrammen • „Designen" von Kommunikationsstrukturen • Entwickeln von Stellenvereinbarungen						
Transition Management – gesamt:						
• Gruppen durch Krisen führen • Trauerprozesse begleiten • Veränderungen positiv herbeiführen • Gruppen zusammenhalten können • Teams in neue Herausforderungen erfolgreich hineinführen						
Personalentwicklung – gesamt:						
• Entwicklung einer Unternehmensphilosophie • Übersetzung der Unternehmensphilosophie in Normen, Werte und Strategien • Potenzialanalyse von einer Gruppe von Menschen • Entwicklung von Trainingsprogrammen für einzelne und Gruppen • Aufbau von Mentorstrukturen						

2. Einschätzung I

Zusammenfassung **Datum:** ______________	**5**	**4**	**3**	**2**	**1**	**Ideen**
Fachkompetenz						
● ● ● ● ●						
Sozialkompetenz						
● Selbsterkenntnis ● Zuhören ● Zeitmanagement ● Teamfähigkeit ● Benehmen / Etikette						
Kommunikative Kompetenz						
● Präsentieren ● Moderieren ● Verkaufen ● Kundendienst ● Rhetorik						
Führungskompetenz						
● Delegieren ● Mentoring ● Coaching ● Umgang mit Geld ● Mitarbeiter gewinnen						
Strategische Kompetenz						
● Strategie-Entwicklung ● Visionäres Denken ● Organisationsentwicklung ● Transitionmanagement ● Personalentwicklung						

2. Einschätzung II

Fachkompetenz	**5**	**4**	**3**	**2**	**1**	**Ideen**

3. Einschätzung II

Sozialkompetenz	5	4	3	2	1	Ideen
Selbsterkenntnis – gesamt:						
● Eigene Stärken kennen ● Eigene Schwächen kennen ● Persönliche Lernziele haben ● Ganzheitliche Selbstakzeptanz ● Eigene Wünsche kennen						
Zuhören – gesamt:						
● Gute Fragen stellen ● Sich einfühlen können ● Informationen zusammenfassen ● Interesse am Menschen ● Eigenes Reden beherrschen können						
Zeitmanagement – gesamt:						
● Persönliche Lebensziele setzen ● Prioritäten setzen ● Effektiv arbeiten ● Strukturiert entscheiden können ● Arbeiten sauber zu Ende führen						
Teamfähigkeit – gesamt:						
● Dialogfähigkeit ● Stärken der anderen erkennen ● Konfliktfähigkeit ● Bereitschaft sich ergänzen zu lassen ● Dienstbereitschaft						
Etikette – gesamt:						
● Respekt zeigen und empfinden ● Persönlicher Kleidungsstil ● Körperpflege ● Respekt vor Mann/Frau haben und ausdrücken ● Verständnis von allgemeinen Benimmregeln						

3. Einschätzung II

Kommunikative Kompetenz	5	4	3	2	1	Ideen
Präsentieren – gesamt:						
• Einleben in Zielgruppen • Strukturieren von Informationen • Erzählen können • Begeistern • Medien gezielt einsetzen						
Moderieren – gesamt:						
• Verständnis von Prozessen und der Dynamik einer Gruppe • Analytisch zuhören • Gesprächsführung von Gruppen • Strukturieren und zusammenfassen • Schlichtungsfähigkeit						
Verkaufen – gesamt:						
• Einfühlungsvermögen • Begeisterungsfähigkeit • Interesse an der Andersartigkeit von Menschen • Gewinnendes Auftreten • Überzeugungskraft						
Kundendienst – gesamt:						
• Freundlichkeit • Zuhören können • Hilfsbereitschaft • Zuverlässigkeit • Eigenständige und kreative Problemlösefähigkeit						
Rhetorik – gesamt:						
• Sicherheit im Ausdruck • Klare Körpersprache und Verständnis für Gestik • Fähigkeit, schnell zu analysieren und zusammenzufassen • Beherrschen von Stimme und Tonlage • Argumentationsstärke						

3. Einschätzung II

Führungskompetenz	5	4	3	2	1	Ideen
Delegieren – gesamt:						
● In Aufgaben einführen ● Ausbilden zur Kompetenz ● In die Selbstständigkeit begleiten ● Übergeben von Autorität und Verantwortung ● Zur Verfügung stehen nach Delegation						
Mentoring – gesamt:						
● Potenzial einschätzen ● Potenzial analysieren ● Trainingsprogramme entwickeln ● Zur Selbstreflexion anleiten ● Beraten						
Coaching – gesamt:						
● Leistung beurteilen ● Mit Mitarbeitern Ziele setzen ● Loben ● Konstruktive Kritik üben ● Selbstverantwortung und Selbstbewusstsein trainieren						
Umgang mit Geld – gesamt:						
● Persönliche Finanzplanung ● Persönliche Vermögensbildung ● Umgang mit der Team-Budgeterstellung ● Kostenkontrolle im Team ● Strategische Finanzplanung						
Mitarbeiter gewinnen – gesamt:						
● Zur Identifikation motivieren ● Visionen verkaufen können ● Einführung von Mitarbeitern ● Mitarbeiter zu Insidern machen ● Authentische Gastfreundschaft						

3. Einschätzung II

Strategische Kompetenz	5	4	3	2	1	Ideen
Strategie-Entwicklung – gesamt:						
• Analyse von geschichtlichen Ereignissen • Analyse von Kundengruppen/ Bedürfnissen • Analyse der Marktchancen von Produkten und Dienstleistungen • Definition von strategischen Zielen • Ausarbeiten und Koordinieren von Aktionsplänen						
Visionäres Denken – gesamt:						
• Unmögliches als Möglichkeit denken • Intuition für Marktchancen • Kreatives Denken • Visionen in verständlicher Sprache darstellen • Zukunftsszenarios entwickeln						
Organisationsentwicklung – gesamt:						
• Analyse von Engpässen in Strukturen • Optimierung von Abläufen • „Designen“ von Strukturen und Organigrammen • „Designen“ von Kommunikations-strukturen • Entwickeln von Stellenvereinbarungen						
Transition Management – gesamt:						
• Gruppen durch Krisen führen • Trauerprozesse begleiten • Veränderungen positiv herbeiführen • Gruppen zusammenhalten können • Teams in neue Herausforderungen erfolgreich hineinführen						
Personalentwicklung – gesamt:						
• Entwicklung einer Unternehmens-philosophie • Übersetzung der Unternehmensphilo-sophie in Normen, Werte und Strategien • Potenzialanalyse von einer Gruppe von Menschen • Entwicklung von Trainingsprogrammen für einzelne und Gruppen • Aufbau von Mentorstrukturen						

3. Einschätzung II

Zusammenfassung Datum: ____________	5	4	3	2	1	Ideen
Fachkompetenz						
● ● ● ● ●						
Sozialkompetenz						
● Selbsterkenntnis ● Zuhören ● Zeitmanagement ● Teamfähigkeit ● Benehmen						
Kommunikative Kompetenz						
● Präsentieren ● Moderieren ● Verkaufen ● Kundendienst ● Rhetorik						
Führungskompetenz						
● Delegieren ● Mentoring ● Coaching ● Umgang mit Geld ● Mitarbeiter gewinnen						
Strategische Kompetenz						
● Strategie-Entwicklung ● Visionäres Denken ● Organisationsentwicklung ● Transitionmanagement ● Personalentwicklung						

4. Zusammenfassung III

Zusammenfassung **Datum:** ______________	5	4	3	2	1	**Ideen**
Fachkompetenz						
● ● ● ● ●						
Sozialkompetenz						
● Selbsterkenntnis ● Zuhören ● Zeitmanagement ● Teamfähigkeit ● Benehmen						
Kommunikative Kompetenz						
● Präsentieren ● Moderieren ● Verkaufen ● Kundendienst ● Rhetorik						
Führungskompetenz						
● Delegieren ● Mentoring ● Coaching ● Umgang mit Geld ● Mitarbeiter gewinnen						
Strategische Kompetenz						
● Strategie-Entwicklung ● Visionäres Denken ● Organisationsentwicklung ● Transitionmanagement ● Personalentwicklung						

1 Jahres-Aktionsplan	Zeit	Coach	Geld
Fachkompetenz			
Sozialkompetenz			
Kommunikative Kompetenz			
Führungskompetenz			
Strategische Kompetenz			

3 Jahres-Aktionsplan	Zeit	Coach	Geld
Fachkompetenz			
Sozialkompetenz			
Kommunikative Kompetenz			
Führungskompetenz			
Strategische Kompetenz			

Eine ausgewogene Potenzialerfassung soll immer zu einer klaren Zielvereinbarung führen. Zunächst ging es ums Beobachten, Festhalten, Sammeln. Jetzt muss es konkret werden. Das heißt, wir kommen jetzt zu dem Schritt der Zielvereinbarung mit den Mitarbeitern. Geeignet sind sowohl Drei-Jahres–Ziele als auch Ein-Jahres-Ziele. Das wäre eine sinnvolle Gestaltungsvorgabe. Doch warum wählen wir diese Unterscheidung?

Drei-Jahres-Ziele drehen sich darum, welchen Kompetenzzugewinn ich erreichen möchte in den einzelnen Bereichen: Was will ich lernen in den verschiedenen Kompetenzbereichen? Also: fachlich, sozial, in Sachen Führung, kommunikativ und strategisch? Was sind meine Lernziele? Wir reden hier über Zielvereinbarung im Bereich Lernziele. Was will ich lernen, was will ich gelernt haben in den nächsten drei Jahren? Wir haben also einen überschaubaren Zeitraum, der nicht zu weit entfernt ist, sodass ich wirklich anfangen kann mit dem Trainingsparcours.

Es muss eine ins Herz eingebrannte Fragehaltung werden: Was will ich in drei Jahren gelernt haben, fachlich, sozial, kommunikativ, strategisch und führungstechnisch? Wenn ich das definiert habe, dann folgt die nächste Frage: Was will ich dieses Jahr konkret dafür tun? Dabei sollte man sich nicht zu viele Ziele setzen. Lieber langsam, aber stetig vorangehen; und besser weniger gut als vieles nur mittelmäßig tun.

Wenn ich also über alle fünf Bereiche – Fachkompetenz, Sozialkompetenz, Führungskompetenz, kommunikative Kompetenz und strategische Kompetenz spreche, dann geht es um maximal fünf bis zehn Ziele. Nicht mehr! Das wäre unrealistisch.

Nutzen Sie bei der Zielbestimmung die beiden Aktionspläne aus dem Kompetenzworkshop, die von Mitarbeitern ausgefüllt werden und dann von Ihnen als Coach ergänzt und bestätigt werden.

Vielleicht denken Sie: „Ja, ich kann überall unheimlich viel lernen", aber dazu werden Sie nicht kommen, dafür werden Sie keine Zeit haben. Deswegen konzentrieren Sie sich lieber auf das, was Ihnen in den nächsten drei Jahren wichtig ist – und fangen Sie damit an, für dieses Jahr konkrete Aktionen zu machen. Vielleicht geht das so schnell, dass Sie für nächstes Jahr schon wieder neue Ziele haben. Aber überanstrengen Sie sich nicht – und bleiben Sie stets realistisch!

Viele Menschen lernen nichts mehr, wenn sie 25 Jahre oder älter sind! Dann ist die Lernphase für sie abgehakt. Und manche Leute lernen auch wirklich fast nichts mehr, weder persönlich noch sozial. Wenn Sie noch etwas lernen können, ist das eine schöne Sache.

Ich sage das mit ein wenig Humor, aber immer mehr Leute denken so: Leute über 25 lernen nicht mehr viel, es sei denn durch traumatische Erlebnisse. Spätestens nach dem Herzinfarkt merkt man: Oh, ich muss mich ändern.

Wer gegen einen Baum gefahren ist, merkt anschließend (wenn er noch etwas merkt . . .): Ich muss doch vorsichtiger werden. Ich habe keine Zähne mehr, ich hätte vielleicht doch achtsamer sein und aus früheren Erfahrungen etwas lernen sollen. Leider ist es keine Seltenheit, dass wir erst im Crash-Fall zur Einsicht finden. Und zweifelsohne gilt: Wir lernen meistens nur durch traumatische Erlebnisse. Das ist natürlich schade, andererseits muss uns klar sein: Wenn ich etwas lernen will im Bereich der Kompetenzen, dann muss ich mich anstrengen. Das wird nicht automatisch gehen. Ich muss mir dafür Zeit nehmen, mich dazu entscheiden, es auf den Punkt bringen. Und dann nicht zuviel auf einmal verwirklichen.

Zielvereinbarungen wären nun, fünf bis zehn Drei-Jahres-Ziele zu benennen.

Die *Ein-Jahres-Ziele* sind Aktionen.

Man fragt sich: Was nehme ich mir für dieses Jahr vor? Wie könnte ich mich weiterbilden?

Eine sehr gute Form ist hier die Seminar-Nacharbeit.

Ich habe in Hawaii, wo wir ein halbes Jahr waren, für drei Monate Seminare besucht über Management und Kommunikation. Das waren zwölf sehr intensive Seminarwochen. Ich wusste vorher, dass ich das nie verarbeiten könnte und habe dann nicht nur drei Monate gebucht für das Seminar, sondern auch gleich drei Monate danach freigehalten, mir also die gleiche Zeit noch einmal genommen, um alles nachzuarbeiten. Das hat diesen Kurs erst so richtig kostbar gemacht. Ich habe mir Zeit genommen. Ich habe nicht alle zwölf Wochen noch einmal nachgearbeitet. Aber es gab da Dinge, von denen ich so begeistert war, dass ich mich hingesetzt habe, um noch ein Buch zu lesen und Dinge aufzuschreiben – und das war kostbar.

Aktionen wären etwa: Ein Seminar besuchen und dieses Seminar dann nacharbeiten.

Und wenn Sie Mitarbeitern sagen: „Mach mal ein Seminar!", dann denken Sie stets daran, dass die auch lernen müssen, Dinge nachzuarbeiten. Sonst haben sie nicht viel davon.

Ein Beispiel: Wir beraten ein Unternehmen mit 700 Angestellten. Dort boten wir ein Führungskräfte-Training an, das natürlich strategisch und pädagogisch gut durchdacht sein musste. Zunächst einmal durchliefen 15 Abteilungsleiter ein Führungskräfte-Training von 3 x 2 Tagen.

Dann haben wir angefangen, deren Mitarbeiter und Gruppenleiter zu schulen. Da sind wir gerade dabei. Das sind 100 Gruppenleiter. Die werden auch alle geschult, aber nicht sechs Tage, sondern immer nur zwei Tage. Was passiert jetzt?

Diese Abteilungsleiter bekamen sechs Tage lang eine Schulung darin, wie man Mitarbeiter führt, wie man Gespräche leitet. Jetzt haben wir deren Mitarbeiter auch geschult. Sie wissen jetzt alle, was die anderen wissen. Verstehen Sie? Jetzt kommen all diese Gruppenleiter und fragen: „Können wir jetzt einmal ein Mitarbeitergespräch haben?" Der Druck kommt quasi von unten, die Nacharbeit umzusetzen. Und das funktioniert hervorragend.

Diese 100 Leute erleben also nicht nur zwei Tage ein Seminar, sondern sie durchlaufen auch ein Vier-Schritte-Programm. Das heißt zwei Tage Seminar, danach sind sie verpflichtet ein Buch zu lesen. „Der Ein-Minuten-Manager" – ein kleines Buch über Führen – sowie ein Kapitel aus dem Werk „1x1 der Persönlichkeit" – damit sie ihre eigene Persönlichkeit besser verstehen können. Das war der zweite Schritt. Der dritte Schritt ist, dass sie mit dem Geschäftsführer und Inhaber einen halben Tag verbringen, an dem er noch einmal erzählt, was seine Perspektive der Unternehmenskultur ist. Der vierte Schritt ist dann, dass sie ein Gespräch führen mit ihrem Vorgesetzten, diese 15, die wir ausgebildet haben, um in Bewegung zu kommen, was Mitarbeitergespräche angeht und was Weiterentwicklung.

Das heißt, das Seminar war nur ein Schritt, die Seminarnacharbeit besteht aus drei Schritten.

Weiterbildung für ihre Mitarbeiter heißt vielleicht, ein Seminar durchzuführen, das muss es aber nicht zwangsläufig; hier kann auch vielleicht eine Buchlektüre zunächst der geratene Schritt sein. Es kann zwar einfach nur ein Buch sein, das zum Lernen anleitet. Aber wenn es ein Buch ist, dann sollte auch etwas damit gemacht werden. Learning by Reading verlangt auch ein Umsetzen des Gelesenen, ein Anwenden des Durchdachten, d.h. ein Handeln nach dem Lesen.

Ein Buch ist o.k., es kann auch eine Zeitschrift sein. Eine unserer Mitarbeiterinnen, eine exzellente Trainerin und Beraterin, hat zwei Kinder und kann zur Zeit fast nichts machen über ihr Engagement für die Kinder hinaus. Also liest sie gewisse Monatszeitschriften, die einfach sehr up-to-date sind und ihr helfen, fachlich dranzubleiben. Das ist so ein kleiner „positiver Zwang" für sie. Diese Magazine kommen jeden Monat und liegen dann da, um gelesen zu werden. Sie wird so motiviert zum Durcharbeiten und Dranbleiben.

Es gibt, wie wir hier sehen, viele Möglichkeiten, wie man Dinge machen kann, die einen voranbringen. Die Seminarnacharbeit, Bücher, Zeitschriften.

Aktionen bieten auch Herausforderungen. Wenn ich mir von einem Mitarbeiter wünsche, dass er einen gewissen Aspekt hinzulernt, etwa im Bereich der Sozialkompetenz, dann beauftrage ich ihn, bei anstehenden

Besprechungen die Leitung zu übernehmen. Dann soll er sich vorbereiten, durchdenken, die Besprechung führen und nachher alles ausarbeiten. Ich gebe ihm herausfordernde Jobs, weil ich aufgrund der Mitarbeitergespräche weiß, dass das seiner Zielvereinbarung entspricht. So suche ich nach Jobs, die er machen kann und die ihn herausfordern, Lernfortschritte zu erzielen.

Das ist der kreative Teil des Führens. Ich mache mir also nicht nur Gedanken, was er kann, sondern auch, wie ich ihn engagieren, ihn Dinge machen lassen, experimentieren lassen kann, damit er sich weiterentwickelt. Dies erfolgt aber stets im Rahmen konkreter Zielvereinbarungen: Was will er jetzt lernen? Was will er jetzt konkret machen? An welchen Ideen will er in den nächsten drei Jahren richtig arbeiten?

Dies ist eine simple Form von Weiterbildung. Dafür brauchen Sie keine Personalabteilung, auch kein Studium. Sie müssen es einfach machen!

Man kann dies auch im Rahmen der Kindererziehung einmal ausprobieren. Sie können zum Beispiel Ihre Kinder beobachten und mit ihnen aufschreiben, was sie richtig gut können, was sie lernen könnten.

Nehmen Sie sich einmal 5 bis 10 Minuten für sich selbst; schreiben Sie in dieser Zeit drei Drei-Jahres-Ziele auf. Was könnten Sie sich vorstellen? Sie hatten ja gerade einiges notiert an Stärken und Lücken. Was wäre Ihnen wirklich wichtig, was Sie in den nächsten drei Jahren lernen möchten? Im fachlichen Bereich, im sozialen Bereich, im Führungsbereich, im kommunikativen und im strategischen Bereich. Und was könnten für dieses laufende Jahr ein paar gute Aktionen sein, die dem förderlich wären? Was hilft Ihnen, diese Kompetenzen zu erwerben bzw. zu verfeinern?

Wenn man als Unternehmen im nächsten Jahrhundert funktionieren will, dann braucht man sehr viele gute Führungskräfte. Jemand hat einmal gesagt: „Wenn man sich den Lebenslauf einer visionären Führungskraft ansieht, findet man nur selten Anzeichen für eine bestimmte Ausbildung zur Führung.“ Es gibt fast keine konkrete Ausbildung bei visionären Führungskräften. „Vom gesellschaftlichen Standpunkt aus betrachtet ist dies jedoch ein unverantwortlicher Zufallsprozess. Wenn in Organisationen des 21. Jahrhunderts Millionen neuer visionärer Führungskräfte benötigt werden, dann führt diese Vernachlässigung in einer Gesellschaft mit vielen Versuchungen, Ablenkungsmöglichkeiten für junge Menschen sicherlich zu einer ernst zu nehmenden Lücke in der Führung, wie es bereits jetzt den Anschein hat. Gibt es keinen anderen Weg, wenn wir uns ernsthaft mit der Heranbildung einer großen Zahl effektiver visionärer Führungskräfte beschäftigen? Was könnte dann unternommen werden? Noch genauer: Was können Sie, die Sie bereits eine Führungskraft sind, tun, um anderen zu helfen effektive Führungskräfte zu werden?“

Das ist jetzt wichtig! Wie kann man die Mitarbeiter ausbilden? „Wenn Sie Kinder haben, können Sie viel unternehmen, um sie auf die zukünftige Rolle als visionäre Führungskraft vorzubereiten." Konkret heißt das: Prägung zur Führungskraft geschieht in den ersten 10 Jahren unseres Lebens. In dem zitierten Werk folgt ein 22 Punkte-Programm, was man alles machen kann. Hier bekommen wir eine Idee davon, was eigentlich und wesentlich für Führungskräfte notwendig ist und wie man Kindern helfen kann, den eigenen Lernweg zu gehen.

„Zuerst sollten Sie Ihren Kindern ein *Selbstwertgefühl* vermitteln." Das ist der erste Aspekt. „Menschen, die sich ungenügend selbst respektieren, mangelt es an Vertrauen, ihre eigenen Ideen zu verfolgen und sie empfinden es als schwer, sich den Respekt anderer zu verschaffen." Die grundlegende Voraussetzung für den Lernweg lautet also schlicht, ein Selbstwertgefühl zu fördern.

„2. Ermutigen Sie Ihre Kinder *experimentierfreudig* zu sein und viele Dinge auszuprobieren." Zweitens: Experimentierfreudig sein, etwas ausprobieren. Ich möchte nicht sagen: geht nicht, lass das lieber – „Finger weg!" –, sondern ich will den Kindern die Möglichkeit geben, etwas zu versuchen.

„3. *Verantwortung übernehmen*." Wir sollten Kinder früh dazu anleiten, Verantwortung zu übernehmen, später ist dies weit schwerer zu erlernen. Wir merken das bei unseren Kindern im Umgang mit Tieren. Das ist eine gute Art, Verantwortung zu übernehmen. Das müssen sie richtig lernen. Oder ihr Zimmer nach einem gewissen Standard selbst zu saugen und aufzuräumen. Oder nehmen wir das leidige Thema Geld: Es ist durchaus eine tolle Gelegenheit, Kindern einen verantwortungsvollen Umgang mit Geld schon früh Stück für Stück beizubringen. Bei uns in Holland haben wir ein „Klusjes-Programm": Ein Klus ist ein 45-Minuten-Job. Keine ganze Stunde, aber zumindest 45 Minuten knallhart arbeiten. Das ist ein Job. Und für einen Job kriegt man eine Mark und fünfzig (1,50 DM!). Und da gibt es einen Zettel, der hängt bei uns an der Küchentür mit den Namen unserer Kinder, und für jeden Job gibt es einen Strich. Sie sammeln durch ihre Arbeit Geld. Entweder 1,50 DM auf die Hand – oder 2 Mark auf die Bank, auf das Sparbuch. Das ist ganz lustig. Und sie sind hoch motiviert. Wenn sie solche Ziele vor Augen haben, dann arbeiten sie und erhalten dann einen Strich. Sie sehen das, erhalten es aber nicht ausgezahlt, sondern auf die Bank, auf das Sparbuch. Das ist ein ganz einfacher Weg, um Verantwortung zu trainieren im Umgang mit Geld.

Der vierte Punkt: *„Loben Sie Erfolge*. Ihre Achtung und Bewunderung für die wachsende Fähigkeit und Qualifikation der Kinder bilden die Grundlage, auf der sich Selbstachtung aufbaut." Lob, Achtung und Bewunderung sind wichtig und tragen zu einem Gefühl der Annahme wesentlich bei.

Der nächste Punkt heißt dann: „Regen Sie die *Vorstellungskraft und Kreativität* Ihrer Kinder an. Denn das wird die Quelle für deren Visionen und Träume sein, wenn sie Führungskräfte werden. Bauen Sie Luftschlösser mit ihnen, loben Sie ihre Zeichnungen, ermutigen Sie sie zum Lesen von Zukunftsromanen. Erfinden Sie Intelligenzspiele. Verpassen Sie keine Gelegenheit, eine ausgefallene oder kluge Beobachtung anzuerkennen."

Das ist alles ganz simpel. Eigentlich alles normal, nur wann mache ich es?

Wenn ich mich dafür entscheide, mit meinen Kindern zusammenzuarbeiten. Das gilt auch für Mitarbeiter. Wann mache ich das? Wenn ich bewusst führe, bewusst beobachte, bewusst reflektiere, ein bewusstes Feedback gebe, bewusst an sie glaube und ihnen vertraue.

Weiter im Zitat – und der nächste Punkt:

„Entwickeln Sie die *Kommunikationsfähigkeit* Ihres Kindes, sowohl mündlich als auch schriftlich. Visionäre Führungskräfte sind ausnahmslos dazu in der Lage, ihre Visionen so zu vermitteln, dass sie verstanden und akzeptiert werden." Wie macht man das? „Bestärken Sie Ihre Kinder, an Theaterstücken teilzunehmen, Tagebücher zu führen, Briefe zu schreiben, sich aktiv an Tischgesprächen zu beteiligen. Seien Sie vor allem ein guter Zuhörer. Wenn sie etwas Wichtiges mitzuteilen haben, teilen Sie ihren Enthusiasmus für eigene Ideen."

Hier noch ein letzter Punkt: „Setzen Sie sich als höchste Priorität, Ihre Kindern *das Lernen zu lehren*. Visionäre Führungskräfte sind tatsächlich permanent Lernende, die Ideen sammeln, Wissen aus einer Vielzahl von Körben beziehen und dann neu zusammenstellen können, um neue Muster und Richtungen zu erkennen. Seien Sie ein Vorbild für lebenslanges Lernen, ermöglichen Sie ihnen, eine Vielzahl neuer Erfahrungen zu sammeln und fordern Sie sie auf, eigene Spiele daraus zu machen oder eine Geschichte darüber zu schreiben. Finden Sie heraus, was Ihrem Kind Spaß macht und was ihm am Leichtesten fällt. Unterstützen Sie es in diesen Bereichen. In einer Welt, in der Arbeit und Spiel zunehmend schwerer zu trennen sind, ist es besser, an beidem als an keinem Spaß zu haben. Zu den Kennzeichen einer visionären Führungskraft gehört die Fähigkeit, spielerische, kreative Verhaltensweisen ihrer Arbeitsumgebung zu nutzen."

Es sollte einen nicht frustrieren, was man alles machen muss. Aber merken Sie, dass es eigentlich um kleine Dinge geht? Es geht darum, Mut zu machen, es geht um Hilfe zum Kommunizieren, es geht darum, sich zu trauen man selbst zu sein, es geht um Respekt, um Selbstachtung – alles Basisdinge, die zum Leben gehören.

(Die obigen Zitate stammen aus dem Buch „Visionäre Führung" von Burt Nanus)

3. Coaching

Coaching – der Begriff kommt offensichtlich aus dem Sport. Beim Coachen geht es darum, Leistung weiterzuentwickeln oder noch besser, Leistungsfähigkeit zu steigern. Wir reden hier nicht von einem lockeren Clubmeeting oder Partytreffen, sondern wir sind bei der Arbeit. Und hier geht es auch wesentlich um Leistung.

Wir sagen: Jemand ist hier zum Arbeiten, er bekommt ein Gehalt, er hat eine Ausbildung gemacht, der muss das bringen. Oder? Sonst muss er woanders hin.

Aber so einfach ist es nicht.

Coachen heißt, jemandem wirklich zu helfen, seine Leistungsfähigkeit zu finden und sie auch wirklich zu leben und abzurufen.

Es geht um die Leistungsfähigkeit der Mitarbeiter, nicht meine eigene. Das heißt, ich muss mit jemandem herausfinden, wo seine Möglichkeiten liegen – und das ist von Mensch zu Mensch unterschiedlich.

Da gibt es keine Festlegung, wie weit jemand gehen kann. Jeder Mensch ist anders, hat eine andere Geschichte, eine andere Familie, andere Gene, andere Prinzipien. Und jeder hat seine ganz individuellen Möglichkeiten.

Coachen heißt also nicht, jemanden zu verbiegen oder jemanden ins Elend stürzen durch endlose Leistung, sondern ihm zu helfen, seine Leistungsfähigkeit zu realisieren.

Wenn jemand sich in seiner Leistungsfähigkeit weiterentwickelt, steigert sich auch sein Selbstbewusstsein. Selbstbewusstsein meint: Man wird sich seiner selbst besser bewusst. Er wird sich selbst bewusst, was er kann, was er nicht kann, wo seine Möglichkeiten sind, wie er sie weiterentwickeln kann. Das ist eine wundervolle Aufgabe! Mich begeistert es, Leute zu coachen, damit sie sich weiterentwickeln, dass sie dort, wo sie sind, neue Dinge entdecken, etwas anpacken und erobern. Wir haben einige Leute bei uns gehabt, die waren an dem Punkt angelangt, wo sie gut waren, aber durch Coaching haben sie sich Schritt für Schritt weiterentwickelt und sind irgendwann dorthin gekommen, wovon sie nie gedacht hätten, dass sie das könnten.

So etwas ist sehr begeisternd. Das ist die Mühe wert. Das ist der Lohn des Führens, wenn man Leuten durch gesundes Führen hilft, dass sie sich weiterentwickeln, dass sie richtig stark werden.

Für ein gutes Coaching sind drei Dinge zu nennen: Persönlichkeit, das ABC des Coaching sowie das Delegieren. Jetzt steigen wir mit dem ersten Thema ein:

Die Führungspersönlichkeit entdecken

Jeder Mensch hat seine eigene Persönlichkeit. Und das ist wichtig.

Wenn Sie andere Leute führen, müssen Sie vor Augen haben, wer Sie selbst sind. Sie müssen einen Bezug haben zu dem, wer Sie sind und wie Sie Dinge tun. Und daraus sollten Sie dann etwas lernen.

Vier Führungstypen

Eine sehr gute Art, um Persönlichkeiten zu beschreiben, ist das DISG-Modell. Ich erkläre es ganz kurz. Ich will mich nur darauf beziehen, was das für Führungskräfte bedeutet.

Das DISG-Modell wurde 1930 von William Marston entwickelt.

C.G. Jung sagte, es gibt stark extrovertierte Persönlichkeiten und stark introvertierte Persönlichkeiten – und die verschiedensten Facetten dazwischen. William Marston setzte darauf noch eine andere Skala als Kreuz, indem er formulierte: Es gibt Leute, die sind von Menschen motiviert – die wollen einfach gerne mit Leuten arbeiten; und es gibt Menschen, die sind mehr durch Sachen motiviert – die sind ganz heiß auf Resultate und sichtbare Dinge.

Das ergibt vier Gruppen von Typen, pro Felddiagramm einen.

So gibt es ganz viele Möglichkeiten, aber es gibt eben vier Grundtypen. Links oben stehen die dominanten Typen, und auch da gibt es viele Variationen; insgesamt ist es die ganze Gruppe der dominanten Persönlichkeiten. Dann gibt es den Typus des Initiativen. Beide Typen sind extrovertierte Persönlichkeiten, sie lieben beide Ziele, sind beide nach außen gerichtet.

Was C.G. Jung und Marston damals nicht näher erklären konnten, ist heute durch die Gehirnforschung deutlich geworden. Das Gehirn extrovertierter Leute nimmt Informationen schneller und allgemeiner auf; sie brauchen viele Informationen, um angeregt zu sein.

Ganz salopp könnte man sagen: ein Fall von durchlässigerer Aufnahmefähigkeit. Wenn viel Information kommt, dann sind sie angeregt. Deswegen wollen sie auch viel erleben. Deswegen gehen sie nach draußen. Deswegen brauchen sie Abenteuer und viele verschiedene Menschen um sich herum, deswegen brauchen sie Bewegung, weil sie eben angeregt sein wollen.

Introvertierte Menschen können Informationen eher geordnet richtig und gut verarbeiten, man könnte salopp sagen, sie sind weniger durchlässig vom

Gehirn her, und wenn sie Anregungen bekommen, wollen sie die gut verarbeiten; wenn zuviel kommt, dann denken sie: „Einen Moment, ich muss eben noch das andere verarbeiten.“ Und das sieht aus, als ob sie nach innen gekehrt sind. Sie sind aber nicht nach innen gekehrt, sondern benötigen einfach mehr Zeit, um das zu verarbeiten. Bei zuviel Informationen blockieren sie.

Es läuft also nicht nur emotional, sondern hat auch etwas mit der Gehirnfunktion zu tun.

Dominant-initiative Typen wollen als Führungspersönlichkeiten viel bewegen. Sie wollen die Aktion haben, brauchen Abwechslung und Freiheit. Das ist alles wichtig für sie. Darüber hinaus sind sie auch nicht sehr geduldig. Sie haben nicht so viel Perspektive, um zu hören. Wenn sie zuhören müssen und ein anderer alles erzählt, dann wird es schnell langweilig, denn sie brauchen mehr Informationen. Also fangen sie selbst an zu denken, haben sofort die Lösung und können gar nicht mehr warten, bis er weiterspricht, sondern sagen ihm das schon einmal gleich direkt. Dabei hören sie gar nicht weiter zu, weil sie selbst beschäftigt sind.

Wir finden also Stärken und Schwachstellen bei diesen Typen.

Kommen wir nun zu den eher introvertierten Persönlichkeitsprofilen:

Da gibt es die stetigen und gewissenhaften Typen. Sie mögen eher Konzentration, Qualität, Prozesse, den Schritt-für-Schritt-Prozess, lieben es, Dinge richtig gut zu tun, und sie hören meistens auch sehr gut zu. Gewissenhafte hören analytisch zu, weil sie die Sache richtig klären wollen. Stetige hören empathisch zu, denn sie wollen die Menschen richtig verstehen. Dies sind also richtige Zuhörer.

Stetige Führungstypen arbeiten gerne mit Menschen, im Team, wo gute Beziehungen sind, gute Strukturen.

Gewissenhafte Führungspersönlichkeiten arbeiten lieber allein. Wenn sie aber doch mit anderen zusammenarbeiten, dann mit Leuten, die weniger emotional sind und einfach nach Regeln vernünftig arbeiten.

Die Initiativen arbeiten gerne mit vielen Leuten zusammen, aber nicht allzu verbindlich. Dominante arbeiten ebenfalls gerne mit vielen anderen zusammen, die aber „richtig klotzen“ sollten.

Jeder dieser Typen hat seine Vorlieben. Man kann vieles darüber sagen, aber wir reden jetzt mal nur über die Typen in Bezug auf ihre Führungsrolle. Wir gehen sie einmal einzeln durch.

*Der **dominante** Typ:*

Es geht jetzt nur um dominante Führungspersönlichkeiten (DFP), was nicht für alle dominaten Menschen gilt. Was sind die *Stärken von DFP?* Wohl eine ganze Reihe: Sie sind wirkliche Problemlöser, haben ein Gespür für die Lösung der härtesten Problemsituationen. DFP fällt es häufig leicht, eine Vision zu entwickeln und große Perspektiven. Sie wollen viel erreichen, wollen die „Mega-Ziele“ ansteuern. Dabei sind sie meistens ergebnisorientiert. Sie wollen also Ziele erreichen, Ergebnisse erzielen und arbeiten gerne gewinnorientiert. Ihnen macht es überhaupt keinen Spaß, einen hohen Umsatz zu machen, wenn nicht zum Schluss auch viel Gewinn dabei herauskommt. Häufig haben sie eine gewisse „Killermentalität“. Ich setze das in Anführungszeichen, damit hier kein falsches Verständnis entsteht; was heißt „Killermentalität“?

Aus dem Fußball kennen Sie das vielleicht – es gibt Leute, die können unglaublich gut Fußball spielen, aber sie schießen nie ein Tor. Ihnen fehlt die „Killermentalität“. Technisch perfekt, super im Team, unglaubliche Schnelligkeit, aber sie trauen sich nicht, den Ball reinzuschießen. D-Typen haben meistens eine relativ gute Killermentalität. Kämpfertypen können den Abschluss machen. Die große Stärke bei DFP lautet: sie sind konfliktbereit. Sie gehen in den Konflikt rein. Sie steigen voll ein. Das sind eigentlich nur tolle Leute im Prinzip, wenn man das so sieht.

Eine weitere ihrer Stärken ist die Schnelligkeit. DFP können echt schnell sein, sie sind sozusagen „High-speed-Menschen“. Die sehen manchmal Dinge ungeheuer schnell, haben eine unschlagbare Wahrnehmung. Sie packen etwas schnell an, reagieren in kürzester Zeit, bleiben dabei allerdings auch veränderungsbereit. Wenn es halt nicht klappt, wendet man sich einer anderen Sache zu. D-Typen, DPF – das sind tolle Menschen, wirklich super. Es gibt aber auch ein paar . . . nennen wir das einmal: *Gefahren*.

Ich will nicht sagen, dass es zwangsläufig immer so ist, aber wenn sie unter Stress geraten, dann könnten sie zu gewissen problematischen Punkten neigen.

Eine der Gefahren bei DFP ist Ungeduld, verbunden mit einem Hang zum Nicht-Zuhören. Eine weitere Gefahr bei D-Typen ist: Sie ärgern sich am allermeisten über faule Mitarbeiter. Und wenn sie das Gefühl haben – und meistens haben sie auch eine gute Nase dafür –, dass jemand faul ist, schreiben sie die Leute innerlich ab. Sie sind auch nicht so von Menschen motiviert, sondern von Sachen, und dann sagen sie: „Das ist ein Weichei, kann ich nichts mit anfangen. Der arbeitet nicht, und ich habe auch gar keine Lust mehr zuzuhören oder ihn zu fördern – wie soll ich den fördern? Ich fördere Leute, die nicht faul sind. Da habe ich viel mehr von.“ Das klingt durchaus verständlich, ist aber nicht immer weise.

Dieser Ärger über faule Mitarbeiter kann durchaus problematisch werden.

Extrovertiert

Dominante Führungspersönlichkeit

Stärken
- Problemlöser
- Weite Perspektive
- Ergebnisorientierung
- Gewinnorientierung
- „Killer“mentalität
- Konfliktbereitschaft
- Schnelligkeit

Gefahren
- Ungeduld, nicht zuhören können
- Ärgernis über faule Mitarbeiter
- Kopf durch die Wand
- Vergessen des Teams
- Überfordert das Team durch zu hohe Ziele

Tipps
Soziale Kompetenz → Zuhören, Benehmen und Teampflege
Mit Team planen und Aktionspläne ausarbeiten

Initiative Führungspersönlichkeit

Stärken
- Lebendiger Ideenfluss
- Gewinnende Motivations- und Verkaufsrhetorik
- Atmosphäre schaffen
- Großzügigkeit und Entspanntheit
- Optimistisch

Gefahren
- Keine Ergebniskonzentration
- Egozentrisches ablenken
- Leicht chaotisch: besonders im Zeitmanagement
- Unrealistisch
- Keine Lust auf Konflikt

Tipps
Schriftlich planen
Konkret delegieren und kontrollieren
Konflikte schnell, offen und fair angehen

Aufgaben

Menschen

Stärken
- Mit Qualität führen
- Analytisch beobachten
- Strategisch planen
- Genauigkeit
- Komplexe Entscheidungen treffen
- Willen, etwas sauber zu Ende zu führen
- Realistisch in der Einschätzung
- Pünktlich

Gefahren
- Wenig flexibel
- Entscheidungsangst
- Verlust im Detail
- Vergisst, Mitarbeiter zu motivieren
- Redet zu reaktiv
- Unausgesprochene Kritik

Tipps

Struktur finden zum schnelleren Entscheiden

Regelmäßig Party feiern mit den Mitarbeitern (Routine)

Maßstäbe herunterschrauben → sich selbst und anderen gegenüber

Stärken
- Zuverlässig, loyal, treu zu Mitarbeitern und Chef
- Guter Zuhörer
- Team, kann Harmonie schaffen, Gemütlichkeit
- Strukturieren: klare Verhältnisse
- Pflichtbewusste Beharrlichkeit
- Nett – kreieren ein Zuhause
- Geben Freiraum (gut in Bereichen Mentoring, Moderation)
- Hat den Einzelnen im Blick

Gefahren
- Will nicht „nein“ sagen – lässt sich ausnutzen
- Lieber kein Konflikt
- Zu vorsichtig in Visionen – eher reaktiv
- Zu langsam – zu leise
- Kein Killerinstinkt und geringe Erfolgsorientierung

Tipps

„Affen töten“ (Affe = unerledigte Aufgabe, die ein anderer erledigen sollte!)

Klare, stark motivierende Ziele formulieren und präsentieren

Lauter reden und Konflikte offen und schnell angehen

Introvertiert

(Quelle: L.J. Seiwert/F. Gay, Das 1 x 1 der Persönlichkeit, Offenbach (Gabal Verlag) 1996)

Eine weitere Gefahr ist, dass sie einfach mit dem Kopf durch die Wand wollen.

Daraus kann man schon eine Menge lernen, aber es beschreibt nicht alles, nur einen Teil der Persönlichkeit.

Von diesen vier Typen sind 80 % aller Leute eine Kombination. D-I, D-G oder I-S, sogar I-G, gegenübergestellte Paare gibt es aber durchaus auch (I-G und D-S). Es gibt viele Möglichkeiten, und wir beschreiben hier nur die Extreme.

Ein weiterer Problemaspekt ist sein Hang zum Alleingang. Er würde immer Leute finden, die etwas für ihn machen, aber er würde auch nicht zuhören, wenn ihm andere Informationen gegeben würden, er geht mit dem Kopf durch die Wand. In dem Sinne ist er recht einsam, aber er wäre schon bereit, Leute mitzunehmen, wenn sie eben auch „durch die Wand" gehen würden.

Kann so ein Mensch teamfähig sein? Durchaus. Es geht hier um die Gefahr, und nicht um Schwäche. Schwäche wäre: „Er kann nicht anders, er ist so". Die Gefahr lautet: „Er ist nicht sehr motiviert, um teamorientiert zu sein". Es ist eine Gefahr, dass er das Team vergisst.

Andere Leute in Sachen Geschwindigkeit und Quantität zu überfordern, das ist eine deutliche Gefahr für diesen Typ.

Er ist schnell, sieht viel, will etwas erreichen. Er sagt: „Jungs, das machen wir"; wobei „das machen wir" heißt: „Das macht ihr!" So überfordert er häufig das Team durch zu hohe Ziele.

Hohe Ziele und hohe Anforderungen?

Der Dominante kennt sein Ziel, das er selbst erreichen will und kann, aber er erreicht es auf seine schnelle Art und Weise, also nicht besonders perfekt. Für die anderen Leute, stetige und gewissenhafte Mitarbeiter, ist es viel schwieriger, wenn sie das gleiche Ziel erreichen sollen, weil sie das auch noch perfekt erreichen wollen. Und das geht nicht. Darum entsteht hier schnell eine Situation der Überforderung.

Das waren nun einige Stärken und Gefahrenpunkte von DFP. Was wären hier ein paar Tipps? Wir wollen nicht alles erreichen, aber zumindest könnten wir einige Ideen und Lernoptionen notieren.

Was sollten DFP lernen? Was wäre das Wichtigste für sie an Lernschritten?

Ich möchte als erstes das Zuhören-Lernen und die soziale Kompetenz nennen.

Soziale Kompetenz im Sinne des Zuhörens, im Sinne von Benehmen/Etikette, im Sinne von Team-Spirit.

Der Fokus sollte verstärkt sein, das Team zu pflegen. Ein Team führen, das kann er bereits, aber ein Team will nicht nur geführt, sondern auch gepflegt werden, es möchte auch Spaß haben. Ein Team braucht Arbeit und Spaß. Wenn eines von beiden weg ist, ist es schwierig.

Soziale Kompetenz ist für DFP ein sehr wichtiger Lernschritt. Was könnte er darüber hinaus noch lernen? Was wäre wichtig für ihn zu erarbeiten?

Er könnte z. B. ein realistisches Zeitbudgeting anvisieren, ferner, nicht mehr alleine zu planen, sondern mit seinem Team Aktionspläne auszuarbeiten. Also keine planerischen Alleingänge mehr, sondern Teamwork mit gemeinsamen Planungsgesprächen und konkreten Aktionsplänen wäre da angezeigt.

Aktionspläne sind Übersichten von all denjenigen Schritten, die man gehen muss, um das Ziel zu erreichen. Das ist für ihn eigentlich langweilig, aber für seine ganzen Mitarbeiter wichtig. Sie wissen dann, wo sie dran sind. Wenn also eine DFP mit ihrem Team Ziele erarbeitet und ausarbeitet, dann hat sie die Mitarbeiter mit im Boot. Dann können sie auch Einfluss nehmen, den Zeitrahmen mitdefinieren. Diese beiden Punkte finde ich äußerst wichtig. Wenn man hier vorankommt, ist schon viel gewonnen.

Es gibt sicher noch viel mehr hier zu sagen, aber zumindest sei an dieser Stelle noch ein sehr empfehlenswertes Buch genannt: „Das 1x1 der Persönlichkeit“ von den Autoren Seiwert und Gay, das ein ganzes Kapitel über das Führen enthält.

Wie führen D-Typen, I-Typen, S-Typen, G-Typen, und wie geht eine DFP mit einem S-Mitarbeiter um? Wie kann man dem begegnen, wie ihn besser verstehen? Das ist eigentlich zunächst nur ein Buch über gute Kommunikation, und obendrein sehr hilfreich, aber für uns ist es eine Art Pflichtlektüre zum Thema Führen. Zumal richtiges Führen auch und gerade mit einem hohen Maß an kommunikativer Kompetenz und einfühlsam-empathischer Dialogfähigkeit zusammengeht.

Das waren ein paar Gedanken zum DFP.

Schauen wir uns jetzt die **initiative** Führungsperson (IFP) an. Was kann sie gut? Was würden Sie denken? Sie ist nach außen gerichtet und menschenorientiert. Wo liegen bei ihr die *Stärken?*

IFP besitzen einen grandiosen Hang dazu, Ideen sprudeln zu lassen, weil sie überhaupt nicht die Neigung haben, Ideen dann auch umsetzen zu müssen. Das ist ihnen auch nicht so wichtig, Hauptsache, man kann darüber reden.

Also, Ideen sprudeln zu lassen im munteren Drauflossprechen, das ist sicher ein erster markanter Faktor. Die große Stärke dabei: Eine IFP ist sehr gut im Sinne des Motivierens und des Verkaufs. Wenn eine solche Person wirklich ein Verkäufer ist, und nur initiativ, ist die Gefahr, dass er zwar viel Umsatz macht, aber keinen Gewinn, weil er alles mit soviel Rabatt gibt, um die Kunden glücklich zu machen, sehr groß. Die Folge könnte sein, dass am Ende überhaupt kein Gewinn herausspringt. Vielleicht verkauft eine IFP viel, hat gute Gespräche, viel Spaß, geht gerne mit Kunden essen, und die Kunden sind auch unheimlich froh. Und das ist ja klar, denn sie haben die ganzen Sachen zum Spottpreis bekommen. Die „Superstärken" liegen hier also beim Reden, Motivieren, Verkaufen, beim Ideenfluss, darin, leicht Atmosphäre schaffen zu können. Das ist ganz wichtig, wenn man führt, denn es soll ja nicht nur Arbeit sein, sondern es soll ja auch noch Spaß machen. Ganz gut ist er meistens als Führungskraft in Sachen Großzügigkeit.

Großzügigkeit und eine gewisse Entspanntheit zeichnen IFP aus. Und diese Lockerheit hat durchaus auch einen unverkennbaren Charme: „Wir werden heute unser Bestes tun – und wenn es nicht hinhaut, macht das nichts aus, dann tun wir eben morgen wieder unser Bestes. Auf jeden Fall werden wir heute Abend eine Party feiern!"

Entspanntheit, eine positive Haltung und ein geradezu ungebremster Optimismus – das sind hier ganz gewichtige Stärken, die deutlich ins Auge stechen.

Das ist eigentlich alles sehr angenehm, wie bei den D-Typen. Aber es gibt ohne Zweifel auch ein paar kleine Gefahrenpunkte bzw. Risiken.

Wir reden hier, wie gesagt, nur über Führungspersonen.

Was wäre also eine *Gefahr?* Etwa, dass kein Ergebnis dabei herauskommt. Er konzentriert sich nicht auf das Ergebnis. Eine andere Gefahr ist egozentrisches Ablenken. Ein Mitarbeiter kommt zur Teambesprechung. Die initiative Führungsperson sitzt da und der Mitarbeiter sagt: „Ich komme gerade aus dem Urlaub zurück, ich war in Spanien." Das Wort „Spanien" ruft bei dem I-Typ sofort drei bis vier Geschichten auf, die er alle in Spanien erlebt hat bzw. die er mit Spanien verbindet. Und wenn er noch nicht in Spanien war, dann macht das auch nichts, denn er hat Spanien auch schon mal im Fernsehen gesehen – und er kann sich nicht mehr auf die eigentliche Aufgabenstellung konzentrieren, denn er muss die Geschichten loswerden.

Der andere erzählt seine Geschichte über Spanien, er selbst atmet kurz durch und prescht vor: „Ich war auch in Spanien", und dann fängt er an, seine Geschichten zu erzählen.

Können Sie sich das ungefähr vorstellen? Sie machen das bestimmt nie. So etwas nennt man egozentrisches Ablenken. Man hört ab dem Moment, wo das Wort Spanien fiel, nicht mehr zu, weil man so mit seiner eigenen Geschichte beschäftigt ist und man kaum abwarten kann, diese gleich weiterzugeben.

Eine solche Führungsperson hat wenig Strukturen und seine Planungen sind eher oberflächlich. Das ist eine Gefahr.

Er ist leicht chaotisch. Besonders das Zeitmanagement ist hier wirklich ein Thema.

Eine weitere Gefahr ist, dass er zu optimistisch sein kann und dadurch rasch zum Unrealistischen hin tendiert.

Außerdem umgeht er gerne Konflikte, denn I-Typen wollen jeden glücklich machen, und naht ein Konflikt, dann warten sie lieber, bis er sich vielleicht von selbst erledigt. Das passiert zwar nur in den seltensten Fällen, aber die Hoffnung ist immer irgendwie da.

Kommen wir zu ein paar kurzen *Tipps*. Zu fragen wäre ja: Was wäre wichtig für Sie als Persönlichkeit, wenn Sie vorankommen wollen? Woran sollten Sie wirklich arbeiten? Zu Anfang kann es dabei eine große Hilfe sein, schriftlich zu planen.

Dazu eine kleine Geschichte von mir: Eigentlich bin ich ein I-Typ, genauso wie meine Frau. Sie hasst es, wenn ich Dinge schriftlich fixiere. Sie sagt dann etwa: „Du machst schon wieder einen Plan!? Das ist ja wirklich zum Totlachen. Echt witzig, dass du immer planen musst! Geht das nicht auch ohne ...!!!?"

So ein schriftliches Planen mögen I-Typen absolut nicht. Aber das kann man lernen. Ich musste es mir auch erst aneignen. Mittlerweile plane ich fast nur noch „schriftlich".

Ich habe es einfach lernen müssen. Die Gefahr lautet nicht, dass man etwas nicht kann, sondern, dass man keine Lust mehr darauf hat, dass man es nur macht, wenn es nicht auch anders geht. Aber als Führungsperson muss ich planen, und das geht nur schriftlich, sonst kann ich nicht kommunizieren.

Es kann dabei hilfreich sein, sehr konkret zu delegieren und ferner auch zu kontrollieren. I-Typen vergessen häufig zu delegieren und machen alles mögliche – und dann kommt die Deadline, der Zeitpunkt, zu dem eine Aufgabe erledigt sein muss und keine Chance mehr besteht zum Delegieren, weil es einfach zu spät ist. Wenn solche Typen delegieren, dann geben sie eine Sache einfach ab und vergessen jegliche Kontrolle.

Doch als Führungskraft liegt die letzte Verantwortung bei Ihnen. Wenn Sie etwas delegieren, bleiben Sie für das Endergebnis verantwortlich. Das heißt, Sie müssen kontrollieren, ob es auch gemacht worden ist. Aber dazu hat der I-Typ wenig Lust. Die Abhilfe wäre, radikal alles zu notieren, dann zu kontrollieren und konkret zu delegieren – das wäre ein wichtiger Tipp. Ebenso, Konflikte schnell, offen und fair anzugehen. Weil der I-Typ in solchen Angelegenheiten lieber abwartet, wird der Konflikt immer schlimmer. „Offen" heißt nicht, mit anderen über den Konflikt zu reden, sondern direkt mit den betroffenen Personen. „Fair" heißt, sofort mit dem anderen zu reden, ihm zuzuhören und nachzudenken, keine Verteidigungshaltung einzunehmen oder Ausreden zu erfinden.

Persönlich gehe ich unheimlich ungern Konflikte an. Als ich einst ein größeres Team in Dortmund geleitet habe, gab es dort eine Person, die oft gegen die Dinge war, die ich initiiert habe, und ich hatte einfach keine Lust auf einen Konflikt mit ihr. Wir hatten eine Sitzung, ich habe etwas gesagt . . . und sofort setzte diese Person etwas dagegen. Aber ich wollte jetzt nicht diesen Konflikt mit ihr angehen, also habe ich gesagt: „Was denkt ihr anderen darüber?", und dann habe ich so lange gefragt, bis ihm irgendjemand widersprochen hat. Dann habe ich das später alles zusammengefasst, und so kam am Ende meine Meinung heraus. Ich wollte einfach nicht dieses Theater angehen. Auch wenn es nur ungefähr meine Meinung war, und wenn auch nicht genau das herauskam, was ich wollte, war mir eine allgemeine Meinung lieber als eine offene und direkte Auseinandersetzung mit meinem „Gegner". Irgendwann haben die anderen dann gesagt: „Paul, jetzt sagen wir nichts mehr; jetzt sag du mal, was du eigentlich denkst!" Sie haben die Situation verstanden und mich gezwungen, diesen Konflikt anzugehen. Das fand ich sehr ärgerlich. Es hat mich 2 Jahre gekostet, umzulernen, offen und ehrlich sofort zu sagen, was ich denke. Soviel also zum initiativen Führungsstil. Solche Menschen sind eigentlich ganz nett . . .

Noch ein Zusatz zu DISG: Es sagt nichts darüber aus, ob man führen kann oder nicht. Führen ist eine Fähigkeit. DISG beschreibt eine Persönlichkeit. Das müssen wir auseinanderhalten. Es gibt drei Bereiche, die man unterscheiden muss. Einmal den Bereich Fähigkeiten: Jeder hat so etwa sieben bis zehn Kernkompetenzen. (Ausführlicher wird das Thema im „Kompetenzworkshop" behandelt, ab Seite 58)

Zunächst einmal die einfache Sachfrage: *Was* tut er? Die einfache Antwort: Führen, kochen, singen.

Welche Rolle spielt dabei das Persönlichkeitsprofil? Wir haben das Modell DISG gewählt, wobei es klar sein sollte, dass es auch andere Modelle gibt, die beschreiben, wie wir Dinge tun. Wenn zum Beispiel die Hauptfähigkeit einer Person das Kochen ist, dann beschreibt DISG nicht, dass sie kochen kann, sondern wie sie kocht: schnell, langsam, intensiv, oberflächlich, mit Karacho, vorsichtig. Die Persönlichkeit beschreibt also, *wie* man etwas tut, die Fähigkeit zeigt, *was* jemand tut. Das heißt, wenn jemand führen kann, dann hat er die Fähigkeit des Führens. Wenn er sie nicht hat, dann kann er auch nicht führen. Wenn jemand nicht die Fähigkeit des Führens hat, dann kann er zwar das Führen lernen, aber er wird es immer in einem kleinen Rahmen tun; und da wird die Begrenzung auch der Rahmen sein. In gewissem Maße kann jeder Mensch führen, nämlich sich selbst, obwohl er auch das lernen muss. Jeder kann eine Familie führen, wenn er eine hat und das gelernt hat. Aber eine größere Gruppe unabhängiger Menschen zu führen, das ist schon eine spezielle Fähigkeit. Ungefähr 10 % der Bevölkerung besitzt diese Fähigkeit, und noch weniger, vielleicht 2 bis 3 %, besitzt die Fähigkeit des charismatischen Führens.

Wenn jemand die Fähigkeit des Führens hat, dann wird er das auf seine eigene Art tun. Ich kann also nie sagen: Weil ich ein gewissenhafter Typ bin, zudem noch introvertiert, kann ich nicht führen. Das stimmt nicht. Ich kann dann führen, wenn ich die Fähigkeit habe. Mein Führungsstil allerdings ist abhängig von meinem Persönlichkeitsprofil.

Kommen wir nun zum **gewissenhaften** Typ: Seine große *Stärke* ist häufig, analytisch zu beobachten. Solche Menschen können durch ein Unternehmen gehen und spüren, was läuft und was nicht. Sie können wundervoll strategisch planen. Gewissenhafte Leute setzen auf Qualität. Wenn sie Führungsmenschen sind, dann wollen sie irgendwo hinführen – und das mit Qualität –, nicht nur morgen, sondern auch in der Zukunft. Das führt automatisch zu einer strategischen Planung, zu Genauigkeit, zu komplexen Entscheidungen. Je komplexer die Materie wird, umso größer allerdings wird die Gefahr, dass ein gewissenhafter Typ überhaupt keine Entscheidungen trifft, weil er zu unentschlossen ist.

Er ist interessiert an komplexen Entscheidungen, viele Informationen zu ordnen und in ein System zu bringen, um dann zu einem Ergebnis zu kommen.

Ein G-Typ hat den Willen, etwas sauber zu Ende zu führen. Er ist sehr realistisch. Und solche Menschen beschreiben sich auch selbst als realistisch. I-Typen sagen von ihnen, sie seien pessimistisch. Das würden sie nie so sehen können. Sie sind meist sehr realistisch in ihren Einschätzungen, und dabei sind sie auch stets pünktlich. Mit solchen Leuten zusammenzuarbeiten macht Spaß. Sie sind vorbereitet, pünktlich und haben meistens auch hilfreiche und weiterführende Fragen einzubringen. Sie sind wirklich hervorragende Leute!

Doch *Gefahren* gibt es auch hier einige.

Der G-Typ zeichnet sich unter anderem durch mangelnde Flexibilität aus. Eine Gefahr liegt in seiner Entscheidungsangst, er verliert sich im Detail, da er sachorientiert und durch einen ausgeprägten Präzisionswunsch motiviert ist. Er vergisst, Menschen zu motivieren, redet zu reaktiv. Er kommt nicht voran im Reden. Er erzählt nicht. Er wartet immer ab und beobachtet – und dann reagiert er darauf. Er müsste auch einmal selbst dazu bereit sein, aktiv zu werden und zu sagen, wenn er etwas nicht gut findet.

Unausgesprochene Kritik kann in der Tat zu einem „kritischen Moment" führen, wenn sie nicht rechtzeitig einer Klärung zugeführt wird. Dann verselbstständigt sie sich und kann destruktive Folgen zeitigen. Wer immer alles unter den berühmten Teppich kehrt, hat irgendwann eine heftige Explosion zu verdauen. Also: rechtzeitig die „kritische Masse" entschärfen.

Tipps für die Entscheidungsfindung: Alle Daten sammeln, drei Alternativen auflisten, Vor- und Nachteile aufschreiben, sich beraten und dann entscheiden, nicht unbedarft und unreflektiert schnell entscheiden. So nutzt man seine Stärke, um eine Schwäche aufzufangen. Wenn man einer G-Persönlichkeit unkonkrete Dinge zu tun gibt, ist sie meist langsamer, weil sie zu viel im Kopf hat und das zu Leistende nicht vor Augen bekommt. Wenn sie etwas auf Papier bringt, kann sie aber häufig etwas mit geringem Zeitaufwand schaffen, weil es so plastisch wird. Regelmäßig eine Party mit Mitarbeitern zu feiern ist für eine solche Person meist sinnlos. Es ist gut, wenn man das Gesagte einmal in aller Ruhe auf sich anwendet und überlegt, wo es hier konkrete Lern- und Reifungsareale gibt, die in der kommenden Zeit für einen selbst dran wären.

Wer die eigene Persönlichkeit reflektiert, kann oft auch die Beziehung zu und die Kommunikation mit anderen verbessern. Wer sich selbst besser kennen lernt, der gewinnt dadurch meist auch einen Zugewinn in der Zusammenarbeit und Interaktion mit anderen. Schon die alten Griechen sagten: Gnóthi seautón (erkenne dich selbst)! Diese Maxime wäre sicher auch für eine Verbesserung von Arbeitseffizienz anzuwenden, im persönlichen Bereich, aber darüber hinaus auch für das Zusammenleben und -arbeiten mit anderen.

Zu erwähnen ist noch, dass der Gewissenhafte die höchsten Maßstäbe besitzt, die man sich irgend denken kann – und die müssen runter, sowohl im Blick auf die Erwartungen an sich selbst als auch hinsichtlich der Erwartungen an andere. Der Gewissenhafte leidet am meisten von allen Typen an dem Gefühl, nie gut genug zu sein. Und bei so hohen Maßstäben ist das kein Wunder. Wenn er sie erreicht hat, dann entwickelt er meist sofort neue.

Kommen wir nun zur **stetigen** Führungsperson: Ihre *Stärken* liegen in menschenorientiertem Verhalten und Qualitätsbewusstsein. Ein S-Typ ist zuverlässig, loyal zu seinen Mitarbeitern und zu seinem Chef. Ferner zeichnen ihn Treue, sehr gute Fähigkeiten im Zuhören sowie eine hohe Team-Motivationskraft aus. Er ist derjenige von den Führungskräften, der am leichtesten im Team arbeitet, weil ihn das einfach motiviert. Er kann Harmonie schaffen und Gemütlichkeit, aber nicht nur in einer soften Weise, sondern dabei auch durchaus sehr strukturiert. Der S-Typ mag gerne klare Verhältnisse, damit er weiß, woran er ist. Der S-Typ und der G-Typ sind eher diszipliniert, weil sie auf Qualität aus sind. S-Typen sind einfach nett, man fühlt sich bei ihnen recht schnell zu Hause, sie gewähren einem Freiraum, sodass man sich entfalten kann, und sie haben keine Angst, dass man als Mitarbeiter besser wird als sie. Oft sind sie im Bereich Mentoring anzutreffen, beim Moderieren von Sitzungen, dort, wo viele Positionen zur Sprache kommen sollen.

Der S-Typ liebt Menschen, er wird versuchen, jeden einzelnen richtig zu betreuen und zu pflegen. Er hat den Einzelnen im Blick. Sein Blick ist liebevoll auf das Fördern von anderen gerichtet.

Wo liegen hier *Gefahren?* Er kann nicht nein sagen, zumindest mag er das nicht, obwohl er es schon könnte. Wie gesagt, er ist eben nicht besonders am Konflikt interessiert, kann hin und wieder eine Art Mitläufertyp abgeben. Daran muss er immer wieder arbeiten.

Er lässt sich ausnutzen, auch von Mitarbeitern. Wenn ein Mitarbeiter kommt und sagt: „Hören sie, Herr Meier, ich kann morgens nicht so früh kommen, meine Frau ist krank und ich schaffe das nicht“, reagiert er mit: „Kann ich verstehen, ist überhaupt kein Problem“, obwohl es fest verabredet ist, dass das überhaupt nicht in Frage kommt. Es ist überhaupt kein Problem, obwohl es alles durchkreuzt, was abgemacht war.

Die Gefahr ist: Er ist zu vorsichtig mit seinen Visionen, verhält sich eher reaktiv.

Wenn etwas passiert, dann wartet er erst einmal ab. Er ist oft sehr langsam, weil er zu vorsichtig ist, häufig auch allzu leise. Wenn er laut reden würde, könnte das einen Konflikt herausfordern . . .

Meistens hat er eine gute Motivation, aber die Gefahr ist, dass er keinen Killerinstinkt hat und keinen Gewinn einfährt. Und in der heutigen Zeit, wo alle Führungskräfte unternehmerisch denken müssen, ist das ein wichtiges Thema, bei dem es Lernfortschritte zu erzielen gilt.

Ein *Tipp* wäre hier, „Affen zu töten“: Ein Affe ist eine unerledigte Aufgabe, die eigentlich jemand anderem „gehört“ und die er auf seinen freundlichen Kollegen abgewälzt hat. S-Typen sind „Affensammler“ oder „-pfleger“. Sie nehmen alle Affen auf und die sitzen dann überall, auf ihrem Kopf, auf ihrer Schulter, auf ihrem Schoß. Sie pflegen und versorgen sie, geben ihnen zu essen und fühlen sich verantwortlich.

G-Typen z. B. sind „Affenzüchter“. Sie entwickeln immer neue Aufgaben, die erledigt werden müssen. I-Typen dagegen sind Affenhändler. Sie sind ganz gefährlich. Sie nehmen Affen auf, aber pflegen sie nicht. Sie lassen sie einfach liegen, bis sie verhungern oder verdursten; oder sie verteilen sie schnell wieder an andere. D-Typen sind Affentöter. Sie sehen den Affen und erschießen ihn schon, wenn er in die Nähe kommt, unabhängig davon, ob er wichtig ist oder nicht. Wenn es nicht seine Aufgabe ist, wird er sie nicht annehmen.

Also gilt:
D-Typ: Affentöter; Affenkiller;
I-Typ: Affenhändler;
G-Typ: Affenzüchter und
S-Typ: Affenpfleger.

Der S-Typ hat auch immer einen Affenzirkus, und ab und zu muss er einen Affen töten.

Es gibt ein sehr gutes Buch, „Der Minuten-Manager und der Klammeraffe", das ich zu diesem Thema sehr empfehle. Es ist eine ganz hervorragende Lektüre für S-Typen. Ein S-Typ muss unterscheiden lernen, was seine Aufgaben sind und was nicht.

Wenn also eine Aufgabe kommt, sollte er nicht einfach nur nein sagen, sondern sehr konkret werden. Also klare, starke und motivierende Ziele formulieren und sie ausmalen. Das darf ruhig wörtlich genommen werden.

Manchmal ist es für S-Typen wichtig, Ziele zu formulieren und sich eine Zeichnung anzufertigen, um das Ziel dann leichter den Mitarbeitern präsentieren zu können. Das hilft ihnen, es zu visualisieren und dazu zu stehen. Das ist für ihn ganz wichtig, denn sonst führt er zu viel von hinten, anstatt an der Spitze zu stehen. Man führt von hinten zu vorsichtig und zu langsam, zu wenig flexibel, es herrscht Sicherheitsdominanz.

Alexander der Große ist ein interessanter Typ. Er stand vor dem Gordischen Knoten von Ephesus. Und wer den Knoten von Ephesus lösen konnte, dem wurde das Tor zu Asien geöffnet. Alexander der Große wollte Asien erobern. Das erste, was er machte: Er ging mit seinen Leuten zu diesem Knoten, und niemand konnte diesen Knoten lösen. Nur Alexander der Große! Was tat er? Er nahm sein Messer und schnitt den Knoten einfach durch, da war er gelöst. Das war eine stark visionäre und zeichenhafte Führung. Er hat seinen Truppen ein unübersehbares Symbol gesetzt: „Wir erobern Asien, wir ziehen das durch."

Und er war auch immer als Erster dabei. Auf der Leiter, um hoch zu klettern, bei Städten, die sie eroberten – er war immer vorne mit seinem Schwert dabei. Er war eine führende Persönlichkeit.

Allerdings hatte er tatsächlich etwas Wahnsinniges an sich, was ihm später zum Problem wurde. Eine gewisse D-Mentalität muss er schon gehabt haben, er war sicherlich kein S-Typ, konnte klare, starke Ziele formulieren, sie auch ausmalen, laut reden und Konflikte offen und schnell angehen.

Sinn dieser Übung ist es erstens zu erkennen, wo meine Stärken liegen, sie zu akzeptieren und damit zu arbeiten.

Zweitens: Zu verstehen, dass andere anders sind, nicht schlechter, sondern anders, mit anderen Qualitäten begabt, und dass ich sie brauche, um ein Unternehmen zu führen. Je komplexer die Struktur, desto unterschiedlichere Leute brauche ich. Darauf muss ich mich einstellen. Dass sie unterschiedliche Vorteile haben schätze ich und unterstütze sie darin. Viele Führungspersönlichkeiten verwenden viel Zeit auf Konflikte, weil sie mit den Kollegen, mit denen sie einen Kuchen teilen, nicht zurecht kommen.

Hier ist eine Organisation und da das Führungsteam, einige Leute, die gemeinsam verantwortlich sind für diese Organisation. Da gibt es etwa verschiedene Mitarbeiter im mittleren Management, die verantwortlich sind für Leute, mit denen sie in einem Team arbeiten.

Wenn es hier im mittleren Bereich Spannungen gibt, dann wird es immer auf die Führungsetage Auswirkungen haben. Wenn es hier Spannungen gibt, dann werden sie dort auch Einfluss gewinnen. Dort, im Führungsteam, sammeln sich stets alle Spannungen, denn die Leitungspersonen sind auch verantwortlich für die Organisation. Deswegen ist ein Führungsteam immer auch zugleich ein „Spannungsteam".

Wenn man kein Verständnis für die Andersartigkeit der anderen hat, dann ist Ärger vorprogrammiert. Wenn man für sich alleine arbeitet, sammelt sich alles bei einem selbst. Die anstehenden Aufgaben muss man alleine lösen, Konflikte mit sich selbst austragen. Je anspruchsvoller aber die Aufgabe und je größer die Probleme, umso mehr ist man aber eigentlich auf die Hilfe der anderen angewiesen.

Aus diesem Grund raten wir grundsätzlich davon ab, alleine zu führen. Zumindest sollte man eine weitere Person finden, mit der man eine konkrete Aufgabe, ein Projekt trägt, auch wenn die letzte Verantwortung von einer Person getragen wird.

Die Bibel sagt (Prediger Salomo, Kap. 4,10–12): „Wenn zwei unterwegs sind und hinfallen, dann helfen sie einander wieder auf die Beine. Aber wer allein geht und hinfällt, ist übel dran, weil niemand ihm helfen kann. Wenn zwei beieinander schlafen, können sie sich gegenseitig wärmen. Aber wie soll einer allein sich warm halten? Ein einzelner Mensch kann leicht überwältigt werden, aber zwei wehren den Überfall ab."

Man sollte mindestens zu zweit arbeiten, denn allein kann man auch nicht reflektieren oder Dinge gut sortieren und ordnen. Das wird dann schnell zuviel.

Viele Gründer von Firmen und Organisationen haben entweder ihre Frauen oder einen guten Freund mit einbezogen. Oder aber sie haben alles alleine bewältigt. Das hatte dann in der Regel zur Folge, dass sie sich nach und nach mit hohen Mauern umgeben haben und schließlich unerreichbar, knallhart und für ihre Mitmenschen ungenießbar wurden.

Wer gesund führen möchte, braucht einen Partner. „Partner" muss nicht heißen, dass man gemeinsam Business macht, es sollte aber jemand sein, dem man vertrauen, mit dem man sich austauschen kann. So ein Sparingspartner kann sich auch außerhalb des Betriebes finden.

Als wir damals mit dem Power Management Team anfingen, bedrängten mich meine Freunde: „Du musst unbedingt so ein Seminar machen". Meine Antwort darauf war klar: „Ich mache gar nichts, wenn nicht noch zwei Leute ihren Kopf in die Schlinge stecken; ich stecke den nicht alleine hinein."

Und dann kamen noch zwei Leute dazu, und wir haben zu dritt den Kopf in die Schlinge gesteckt – und es hat funktioniert!

Ich habe das von vornherein so geplant. Manche werden allerdings ohne Vorwarnung ins kalte Wasser geworfen und müssen schwimmen. Sie können dann zwar im Nachhinein überlegen, wen sie dazunehmen könnten, um über Anstehendes nachzudenken und gemeinsam die Verantwortung zu tragen. So muss jeder versuchen, gemeinsame Verantwortlichkeiten aufzubauen, so dass nicht einer alle Lasten tragen muss.

Konflikte konstruktiv klären

Coaching meint: Ich helfe anderen, ihre Leistung im Rahmen ihrer Möglichkeiten zu steigern. Das fängt damit an, dass ich zunächst für mich kläre, was für ein Typ ich bin und welchen Führungsstil ich habe.

Wenn ich pauschal sagen würde, dass man als Coach deutlicher seine Meinung ausdrücken muss, dann wäre das eine sinnlose Aussage, denn D-Typen brauchen diesen Ratschlag nicht. Sie leben ohnehin nach diesem Prinzip und müssen vielleicht eher lernen, sich zurückzunehmen und nicht zu schnell die eigene Meinung zu kommunizieren.

Aus diesem Grunde sind je nach Typ unterschiedliche Tipps wichtig. Was wir gesehen haben, ist, dass Konflikte entstehen, wenn unterschiedliche Typen zusammenarbeiten. Wir sehen gleich eine kleine Übersicht, wie solche Konflikte funktionieren und wo wir ansetzen müssen, wenn wir eine Lösung herbeiführen wollen.

Einzigartigkeit bedeutet dabei: Ich bin absolut einzigartig, ich habe eine spezielle Persönlichkeit, eine gewisse Anzahl von Kernkompetenzen, ein bestimmtes Denk- und Werteprofil, und dasselbe gilt für alle meine Mitarbeiter. *Jeder ist anders,* und das wiederum bedeutet zunächst einmal: *Ich verstehe niemanden.* Diese Grundeinsicht ist eine wichtige Erkenntnis für jeden, der andere führen will.

Sie müssen zunächst davon ausgehen, dass Sie niemanden vollkommen verstehen. Das gilt sogar in einer Ehe: Sie werden nie Ihre Frau oder Ihren

Mann (ganz) verstehen. Das geht gar nicht, weil Sie nicht die andere Person sind. Unser Partner ist eine eigenständige Persönlichkeit. Das ist eine einfache und wichtige Grundregel im menschlichen Miteinander. Wer sie beachtet, fährt gut.

Romano Guardini sagt: Es gibt Phasen, in der eine Gemeinschaft sich entwickelt. Da haben wir zunächst eine Phase, in der man denkt, dass man sich sehr gut kennt und man sich sehr gut versteht. Dann kommt die nächste Phase, in der man realisiert, dass man sich doch nicht kennt – und dann wird man enttäuscht. Es folgen alle möglichen Konflikte. Wichtig ist es zu akzeptieren, dass wir uns nicht kennen und dies auch nicht passieren wird.

Nur dann bin ich bereit, damit zu arbeiten. Ich verstehe den anderen nicht, d. h. zwischen mir und ihm gibt es Spannungen. Spannung aufgrund von Nicht-Verstehen ist zunächst einmal wertfrei und in Ordnung. Zur Illustration: Wenn in meinem Körper keine Spannung existiert, dann bin ich tot. Ähnliches gilt für zwischenmenschliche Beziehungen: Eine Beziehung ohne Spannung ist bereits gestorben. Die einzige Möglichkeit, um Spannungslosigkeit zu erzielen ist folgende: Ich muss aufhören, mit dieser Person zu kommunizieren. Ich darf nicht einmal mehr zu dieser Person hinschauen, denn sofort, wenn ich auf eine Person schaue, verstehe ich sie nicht mehr, und es entwickelt sich Spannung.

Diese *Spannung* ist gottgewollt. Sie ist ein wichtiger Bestandteil unseres Lebens, aber es ist nicht so einfach, sorgsam, achtsam und gesund mit ihr umzugehen.

Es ist wichtig, Spannungen sinnvoll zu verarbeiten, und das selbstverständliche Nicht-Verstehen zu akzeptieren ist eine Grundregel jeder hilfreichen Kommunikation.

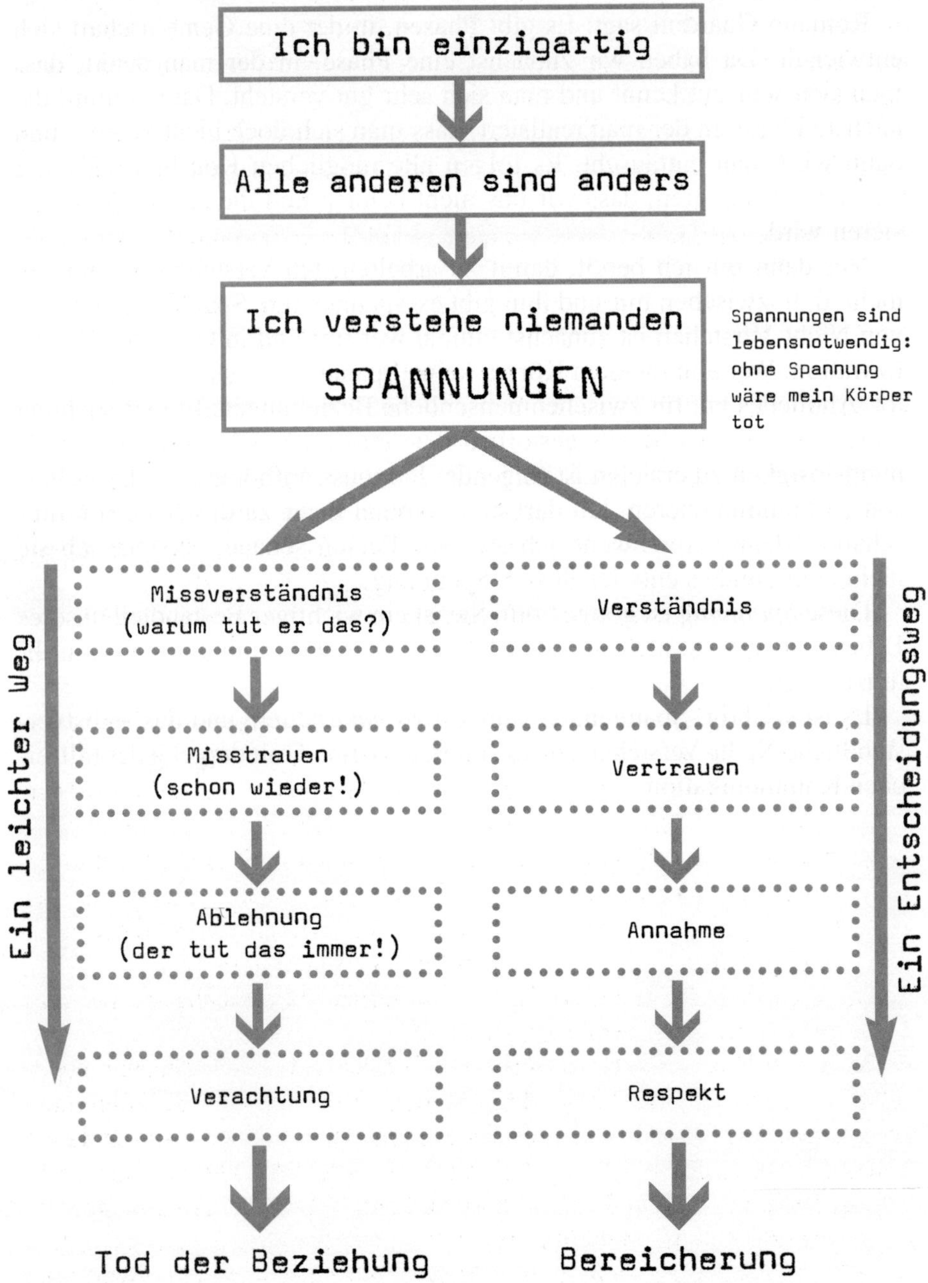
Ich bin einzigartig
Alle anderen sind anders
Ich verstehe niemanden
SPANNUNGEN
Spannungen sind lebensnotwendig: ohne Spannung wäre mein Körper tot
Ein leichter Weg
Missverständnis (warum tut er das?)
Misstrauen (schon wieder!)
Ablehnung (der tut das immer!)
Verachtung
Tod der Beziehung
Ein Entscheidungsweg
Verständnis
Vertrauen
Annahme
Respekt
Bereicherung

Die Spannung kann sich in zwei Richtungen entwickeln. Die eine Richtung: Spannung durch Nicht-Verstehen führt zum *Missverständnis*. Unser eigenes Führungsteam zum Beispiel besteht aus drei unterschiedlichen Typen. Einer, ein I-Typ, muss immer eine halbe Stunde reden, um warm zu werden. So funktionieren halt die Typen: Eine halbe Stunde reden, und dann werden sie begeistert über sich selbst, ihr Gehirn wird aktiviert – und dann kommen ganz tolle Ideen heraus.

Aber eine halbe Stunde lang erzählen sie zunächst alles Mögliche, unter Umständen auch Dinge, die sie eine halbe Stunde später wieder revidieren können. Das ist für sie aber zweitrangig, denn sie brauchen diese Zeit. Das Reden ist für sie motivierend, und dann sprudeln interessante Ideen heraus. Sie entwickeln Gedanken, indem sie reden – und wenn jetzt ein G-Typ dabei ist, denkt er: „Junge, Junge, hoffentlich hört er bald auf zu labern. Denk bitte zuerst nach und komm dann zu mir und sag, was du denkst; aber nutze mich nicht aus, indem du eine halbe Stunde herumlaberst – und dann kommt irgendeine Idee heraus, die du letztendlich doch wieder revidierst."

Eine solche Situation führt schnell zu Missverständnissen. Man stellt sich die Frage: „Warum macht der andere das, was ist hier eigentlich los?"

Wenn ein Missverständnis nicht ausgeräumt wird, dann geht es automatisch über in Misstrauen. Nach einer gewissen Zeit sage ich nicht mehr: „Warum macht der das?", sondern: „Ach, schon wieder der!"

Das sagt man nicht immer laut und bewusst, doch es ist im Kopf.

So entsteht eine gewisse Struktur. Und das Interessante ist, man muss gar nicht viel dafür tun, dass sie entsteht.

Missverständnisse werden nicht geklärt, und daraus entsteht Misstrauen. Dieser Weg nach unten geht leicht – und er macht Spaß; denn wenn ich diesen Weg gehe, fühle ich mich immer ein bisschen besser, bei jedem Schritt.

Aber wenn ich *Misstrauen* entstehen lasse, existiert es fast immer auf beiden Seiten, wenn ich keine Lust auf Konflikte habe. Dann beobachte ich immer mehr die Fehler des anderen. Dann sehe ich automatisch immer mehr das Negative. Und es wird für mich immer klarer, warum dieser Person nicht zu trauen ist – und dann wird daraus *Ablehnung*.

Der andere ist für mich ein Egoist, der denkt nur an sich, und mit ihm kann ich jetzt nichts mehr anfangen.

Natürlich habe ich jetzt ein Problem. Ich habe diesen Menschen abgelehnt. Ich kann nicht mehr mit ihm arbeiten. Wenn ich nun die Ablehnung stehen lasse, dann verhärtet sich das immer mehr, und es kommen keine neuen Elemente dazu. Aus der Ablehnung entsteht *Verachtung*. Das Problem ist auch, dass ich nicht allein bleiben kann mit meiner Ablehnung.

Ich muss mit anderen darüber reden. Ich brauche eine Bestätigung, dass ich o.k. bin und der andere nicht. Diese Bestätigung kann ich mir nur bei anderen holen, d.h. ich fange an, andere in den destruktiven Strudel mit hineinzuziehen. Wenn ich jemanden verachte, dann ist das Urteil so verfestigt, dass ich es häufig körperlich spüre, in der Magengegend oder im Kopf. Wenn ich schon an die Person denke, auch ohne ihr zu begegnen, dann habe ich einen Krampf.

Interessant ist, dass die meisten deutschen Männer mit der Angst leben, von ihren eigenen Ehefrauen verachtet zu werden. Warum? Wenn ich verachtet werde, dann sagt der andere: Du bist ein durch und durch komischer Kerl, dem man nicht vertrauen kann. Alles, was du tust, kommt aus einer falschen Motivation heraus. Du denkst nur an dich. So bist du, und das muss man verachten. Wenn andere mich verachten, muss ich folgerichtig eigentlich mich selbst verachten, denn dann bin ich zu verachten. Das kann ein Mensch kaum tragen. Weil er das nicht tragen kann, muss er raus aus der Beziehung. Die Folge von Verachtung ist immer der *Tod der Beziehung*.

Wir reden hier über eine normale Spannung, nicht weil die Leute böse waren, sondern weil sie anders sind. Die Spannung führt zu Missverständnissen. Das ist zwar zunächst kein Problem, aber wenn man daran nichts ändert, dann wachsen daraus Ablehnung und Verachtung, schließlich kommt es zum Tod der Beziehung.

Dies ist ein leichter Weg, er macht nicht viel Arbeit. Man fühlt dabei sogar noch ein bisschen Spaß. Und schließlich fühlt man sich in diesem Prozess immer besser, man sucht Bestätigung bei anderen. Es schmerzt, aber es macht doch Spaß.

Was ist Mobbing? Mobbing fängt damit an, dass ich jemanden nicht verstehe. Ich fange langsam an, ihm zu misstrauen, dann lehne ich ihn ab, muss ferner andere finden, die diese Ablehnung bzw. Abneigung mit mir teilen – und dann finden das andere auch, und alle haben nun eine gemeinsame Zielscheibe: das Mobbingopfer.

Irgendwann verachten sie diesen Menschen, zeigen das auch in ihrem Verhalten, in ihren Worten und Gesten. Schließlich geht er daran zugrunde. Es sei denn, er schafft es, rechtzeitig das Umfeld zu verlassen.

Man kann übrigens auch einen Chef mobben. Das ist die neueste „Mode“. Man kann ihm misstrauen und ihn ablehnen.

Eine aktuelle Studie besagt: 23 % aller Arbeitnehmer hassen ihren Chef. Das heißt nicht einfach, dass sie ihren Chef *nicht mögen*, sondern sie hassen ihn, was mit einer Unkultur des Verachtens Hand in Hand geht.

Auch hier gilt der Grundsatz: Wenn ein Chef gemobbt wird, hat er wenige Chancen zu überleben.

So etwas mag recht harmlos aussehen, aber in solchen Mobbingprozessen steckt eine Menge an Elend.

Solches passiert täglich in Beziehungen, wobei wir ja hier eigentlich über etwas Großartiges gesprochen haben, nämlich darüber, dass wir einzigartig sind. Dass wir Persönlichkeit und eine unaufgebbare Würde besitzen, dass wir mit reichen Begabungen gesegnete Wesen sind.

Die erwähnte Spannung kann mich auch dahin führen, dass ich jemanden schließlich tatsächlich *verstehe,* aber ich sage es gleich: Dieser Weg des Verstehens erfordert harte Arbeit. Wenn ich Spannung spüre zwischen mir und einem anderen, dann muss ich daran arbeiten, ihn zu verstehen. Ich muss mir die Mühe machen, mit ihm zu reden. Ich muss versuchen, ihn zu verstehen. Was ist seine Motivation? Warum handelt er so? Was führt ihn dazu? Mit dieser Grundhaltung kann ich einem Konflikt vorbeugen. Dabei hilft etwa ein DISG-Test.

Verständnis also ist äußerst wichtig! Wenn ich daran arbeite, führt es zu *Vertrauen,* aber Vertrauen kann man nicht einklagen. Ich kann nicht sagen: „Ich bin der Boss, und weil das so ist, musst du mir vertrauen und bedingungslos gehorchen."

In mancher Gemeinde steht folgende Aussage im Raum: „Ich bin der Pastor, und mir muss man folgen, ich bin ja nicht umsonst der Pastor." Das ist sehr irrational. Nicht einmal Gott funktioniert so.

Er könnte ja einfach sagen: „Ich bin Gott, also gehorche mir."

Trotzdem hat er eine ganze Bibel schreiben lassen, um Verständnis für sich zu erwecken. Er hat seinen Sohn gegeben. Er hat sichtbar gemacht, wer er war und ist und sein wird.

Er hat die Gemeinde ins Leben gerufen, seinen Heiligen Geist geschenkt, die Natur geschaffen. Er hat sich unglaublich viel Mühe gegeben, um sich verständlich zu machen, um aufgrund von Verständnis Vertrauen zu ermöglichen, aber niemals aufgrund einer Position.

„Ich bin der Chef, gehorche mir!", dieses Prinzip funktioniert bestenfalls und auch nur zum Teil in der Armee. Dort gibt es allerdings ein geschlossenes System, und dieses System existiert zum Schutz aller Beteiligten. Dort muss man seinem Chef gehorchen und letztendlich vertrauen, weil er der Chef ist.

Wenn ich das anzweifle, dann haben wir alle ein Problem in diesem perfekt geschlossenen System. Ich muss also Vertrauen investieren, ohne wirklich jemanden zu kennen.

Allerdings ist es sogar in der Armee so, dass ein Offizier den Auftrag hat, sich seinen Soldaten bekannt zu machen, damit sie ihn verstehen. Also sogar in der Armee muss man als Führungskraft um Verständnis werben und daran arbeiten.

In der „normalen" Welt muss man grundsätzlich Verständnis haben, wenn Vertrauen wachsen soll. Vertrauen kann zur *Annahme* führen. Manche Leute sagen: „Sie müssen sich annehmen, so wie Sie sind." Und das hört sich ganz toll an, aber es ist häufig eine Überforderung. Ich rede jetzt nicht über eine Kopfangelegenheit, sondern dass ich von Herzen sage: „Ich bin begeistert, dass meine Frau so ist, wie sie ist!“ Das begeistert mich. Ich verstehe nicht alles, aber ich habe Verständnis dafür, dass sie eben anders ist – und ich vertraue ihr, dass sie damit richtig umgeht. Und ich bin sogar begeistert, dass sie so ist. Aber das geht nicht automatisch. Nichts geht automatisch, auch die Zeit macht das nicht zu einem automatischen Vorgang. Manche Leute sagen, dass, wenn man lange genug zusammen ist, alles automatisch wächst. Aber das ist ein Trugschluss. Das wächst nicht automatisch. Das braucht Austausch und Entscheidung.

Annahme ist die Grundlage für *Respekt*. Ich respektiere jemanden, achte ihn höher als mich selbst. Nicht allein Begeisterung, sondern auch und gerade der Respekt zählt. Und Respekt ist auch eine der höchsten Formen von Liebe. Wenn es echter Respekt ist, nicht durch Angst motiviert, dann ist Respekt die Grundlage für die *Bereicherung in einer Beziehung*, dass man sich gegenseitig ergänzt, sich gegenseitig reicher macht. Nur zu sagen: „Lass uns zwei Gegensätze in ein Team setzen, damit sie sich gut ergänzen“, führt oft in die Irre.

Es kann zwar eine große Bereicherung sein und durchaus gelingen, wenn zwei Menschen lernen, einen solchen Weg zu gehen, aber im Regelfall ist es eher so, dass sie dann nur noch mehr Chaos erleben. Das hat man bei der Analyse von Teams herausgefunden. Ein Team kann „höllisch ätzend“ sein. Vor allem, wenn starke Gegensätze aufeinander prallen, ist die Wahrscheinlichkeit, dass man sich gegenseitig aufreibt, sehr viel höher als die, dass man ruhig miteinander arbeitet, Höchstleistungen erbringt und phantastische Dinge entwickelt.

Ich lese gerade ein interessantes Buch über die „Sprüche Salomo“ von Bill Hybels, das ich sehr zur Lektüre empfehle (Aufbruch zum Leben. Von der Lebenskunst, Gottes Weisheit in die Tat umzusetzen, Asslar 1999). Da beschreibt er u.a. auch die Wahl seines Ehepartners. Eheforscher haben jetzt entdeckt, dass diejenigen Ehen am längsten halten, wo Menschen sich ganz ähnlich sind, ähnliche Bedürfnisse haben, ähnliche Interessen und ähnliches Aussehen sowie einen vergleichbaren Hintergrund mitbringen. Je ähnlicher, desto leichter ist auf lange Sicht eine glückliche Ehe zu führen, sagt dieses Buch. Das ist wohl ein herausfordernder Gedanke.

Eines muss aber auch noch einmal gesagt werden: Mann und Frau verstehen sich im Grunde nicht. Und man(n) hat schon genug Probleme mit sich selbst, ohne dass man den Problemhaushalt eines Zweiten unbedingt zum eigenen Glücklichsein bräuchte.

Bei der genannten Untersuchung heißt es u.a. auch, dass sich Gegensätze anziehen, wenn es um das Thema Verliebtheit geht. Diese hält aber erfahrungsgemäß meist nicht länger als 2 Jahre. Dann hört das hormongesteuerte Verliebtsein langsam auf und es muss eine echte Liebe gestaltet und gelebt werden, die dann wieder neu zum Verliebtsein führen kann. Wenn es die Gegensätze waren, von denen man sich angezogen fühlte und wenn die Begeisterung schließlich abgeebbt ist, dann muss man viel daran arbeiten, um positiv miteinander umzugehen – mit sich und dieser Situation. Das sollte man sich vor Augen halten und nicht blindgläubig oder blauäugig eine Beziehung eingehen und denken, dass alles ohne große Mühe sich schon irgendwie automatisch regelt. Jede tiefe Beziehung bedeutet auf die Dauer harte Arbeit!

Wenn es gelingt, einen „Teamspirit" zu etablieren, wo man sich gegenseitig respektiert, dann setzt das enorme Kräfte frei. Und dieser Weg lohnt sich wirklich! Wenn man wie ich in einem Team arbeitet, in dem wir uns leicht vertrauen und in dem große Annahme und ein großes Stück Respekt herrschen, dann sind wir unschlagbar. Das ist genial, aber das kostet viel Arbeit und Mühe. So kann man auch einen völlig gegensätzlichen Partner heiraten, wenn man bereit ist, viel Kraft und Energie, Respekt und Vertrauen in die Beziehung zu investieren.

Die Frage lautet für viele: Wie komme ich aus Konfliktsituationen heraus?

Ich persönlich glaube, dass, wenn zwischen zwei Leuten Ablehnung herrscht, sie nicht mehr alleine da herauskommen. Wenn zwei Leute sich misstrauen und sich daraus Ablehnung entwickelt hat, dann ist jedes weitere Gespräch meistens nur eine Verkomplizierung. Dann verstehe ich gar nicht mehr, was der andere meint. Dann pflege ich mein Misstrauen. So ist ein Zweiergespräch kaum noch möglich. Bei prinzipieller Ablehnung geht es nur noch zurück, da braucht man einen Dritten, auch in einem Unternehmen. Bei einem „leichten" Grad des Misstrauens geht das vielleicht gerade noch, obwohl es auch hier nicht einfach ist.

Doch bei regelrechter Verachtung wird es schon sehr schwer, da herauszukommen. Wenn Leute sich verachten, muss man schon ein Stück Therapie mit ins Spiel bringen. Wir müssen nicht alle in eine therapeutische Sitzung gehen, aber Supervision wäre sehr hilfreich. Ich brauche jemanden, der mich begleitet, damit ich da herauskomme. Das ist ein längerer Prozess. Durch Supervision kann man tote Beziehungen wieder zum Leben erwecken. Zum Vertrauen und Respekt zurückzufinden, ist kein leichter Weg, aber ein lohnender. Und das läuft nur über Offenlegung und Klärung.

Teamfähig werden

Macht es Sinn, im Team zu arbeiten? Man könnte diesen Abschnitt auch überschreiben mit: Vom Sinn und Unsinn eines Teams.

Sie kennen bestimmt den „frommen Wunsch", der da lautet: „Wir werden jetzt mehr als Team arbeiten. Dann wird alles besser, schneller, kreativer und vor allem viel menschlicher."

Seit 1985 scheint „Teamwork" das Höchste und Wichtigste zu sein, sowohl in der Geschäftswelt als auch in der Nonprofit-Welt.

Allerdings scheint jetzt eine kleine Wende im Denken einzutreten.

Mehrere Managementtheoretiker haben sich in der jüngsten Zeit aufgemacht, den Mythos vom Team ernsthaft zu hinterfragen.

- Der amerikanische Gruppenforscher und Unternehmensberater Jon R. Katzenbach hat herausgefunden, dass bei Führungs- und Unternehmensproblemen, die wirkliche Kreativität erfordern, Teamwork zur Problemlösung nicht geeignet ist.
- In Deutschland konnten die Arbeitspsychologen Armin Windel und Bernhard Zimolong in einer empirischen Langzeituntersuchung mit ungefähr 6.000 Unternehmen aus dem Maschinenbau nachweisen, dass mit der Einführung von Gruppenarbeit nicht nur die Arbeitszufriedenheit deutlich abnahm, sondern auch das Wohlbefinden der Arbeiter litt.
- Die Unternehmensberaterin Hedwig Kellner hat daneben in ihrem Buch „Die Team-Lüge" nachgewiesen, dass Mobbing in jeder Spielart nur im Team möglich ist.
- Auch die Königsdisziplin jeglicher Kreativitätstechnik, das Brainstorming, lässt sich durch Teamwork nicht verbessern. Das Max-Planck-Institut für psychologische Forschung hat nachgewiesen, dass die Beiträge der Gruppe niemals besser oder kreativer sind als diejenigen eines unabhängigen einzelnen Mitglieds.

Insgesamt unterscheidet man in der Forschung zwischen vier verschiedenen Problemmustern (nach Heinz Mandl, Professor für Pädagogische Psychologie an der Universität München):

1. Der Freerider-Effekt: Einzelne Gruppenmitglieder überlassen aus Faulheit oder Berechnung alle Aufgaben den „Arbeitspferden".
2. Das „Bin-ich-der-Depp"-Phänomen: Manchen, denen die ganze Arbeit überlassen wird, fühlen sich im Verlauf eines solchen Prozesses zunehmend ausgebeutet.
3. Der Matthäus-Effekt: Wer ohnehin viel weiß, übernimmt gerne mehr

Arbeit als die anderen, da es ihm ansonsten viel zu lange dauert. (Wie Lothar Matthäus bei den Bayern noch mit Ende dreißig ein unglaubliches Momentum in die Bayernmannschaft mit eingebracht hat – und sogar noch in der Nationalelf spielte . . .)

4. Der „Kann-oder-mag-ich-nicht-mach-du"-Effekt: Die Arbeit wird durch diese Problemstellung so verteilt, dass die Teamplayer genau das wieder machen, was sie ohnehin gut können. Neues wird nicht gelernt, frische Impulse bleiben aus.

Wenn Sie sich diese Phänomene anschauen, können Sie sich leicht vorstellen, dass innerhalb eines Teams die unterschiedlichsten Formen von Missverständnissen, Misstrauen und daraus resultierender Beziehungsstress entstehen oder sogar wuchern können. Ich sage: können; denn selbstverständlich ist niemand verpflichtet, Kollegen das Leben zu vermiesen.

Dass es trotzdem geschieht, hat sicherlich auch damit zu tun, dass zwar Millionen von Menschen gezwungen werden, in Teams zu arbeiten, aber eine verschwindend geringe Anzahl dieser Menschen vorher in sozialen, kommunikativen oder Führungskompetenzen trainiert werden. Weder in der Schule, an Ausbildungsplätzen, an Unis noch in den Familien.

Trotzdem gibt es Hoffnung für „Teamplayer".

Vor 2500 Jahren schrieb der Autor der „Sprüche Salomo":

1. Es ist nicht gut, eine eitle Sache, wenn jemand nur für sich selbst arbeitet. Denn welchen Spaß und Freude hat er dann an der Arbeit und dessen Frucht.
2. Ein Team von zwei Personen ist produktiver, effektiver, motivierender, gemütlicher und bietet mehr Sicherheit.

Bekannt ist auch, dass zwei Zugpferde, die optimal aufeinander abgestimmt sind, einen Wagen mit 10 Tonnen aus dem Stand wegziehen können, während einer allein nur eine Tonne schafft.

Auch hier liegt das Geheimnis offensichtlich in der optimalen Abstimmung aufeinander!

Tatsächlich sind Zweier-Teams die effektivsten Teams, während Dreier-Teams schon mehr Konflikt- und Missverständnispotenzial haben. Sie sind allerdings optimal für kreative Prozesse.

Mehr als drei Personen in einem Team, die zum Teil voneinander abhängig sind, bilden schon eine enorme Herausforderung für jeden Einzelnen.

Kurz zusammengefasst heißt das: Teamwork kann produktiv, interessant und schön sein, es hat allerdings auch seinen Preis.

Und diesen Preis muss jedes einzelne Teammitglied selber zahlen – und zahlen wollen.

Sieben Schlüssel für effektive Teamarbeit:

1. Jedes Teammitglied kennt seine eigenen Fähigkeiten, weiß um die Persönlichkeitsstärken und -schwächen. Es hat seine Lebens- und Berufsziele klar formuliert und hält sie in einer gesunden Balance.
2. Aus dieser Selbsterkenntnis heraus entwickelt jedes Mitglied sein eigenes Trainingsprojekt, um seine sozialen und kommunikativen Kompetenzen während dieses Jahres auszubauen.
3. Die Teammitglieder kennen und schätzen die Qualitäten und Kompetenzen ihrer Kolleginnen und Kollegen und nützen diese aktiv, um eigene Schwächen zu ergänzen.
4. Ein Team braucht eine klare Vision, eine klare Perspektive, wofür es sich lohnt, so viel zu investieren.
5. Es gibt klare Zielvereinbarungen für das Team im Bereich Qualitäts- und Quantitätsoptimierung der Arbeit.
6. Konflikte werden schnell, offen und fair geklärt. Eine Kultur von Offenheit und Integrität wird entwickelt und gepflegt.
7. Es wird regelmäßig gefeiert, um so als Team Erfolge zu genießen, sich dafür zu belohnen und bei Misserfolgen neuen Mut zu schöpfen.

Das ABC des Coaching

Vor den 60er Jahren des letzten Jahrhunderts versuchte man, optimale Resultate durch eine straffe Zielsetzung, ein sogenanntes „Management by objective“, zu erreichen. Man gab den Mitarbeitern immer kleinere, präzisere Ziele, um sie für ein effizienteres Arbeiten anzuleiten.

Jahre später hat man festgestellt, dass die Leute durch eine solche Methode ausgepowert werden. Sie fühlen sich geradezu ausgesaugt und verlieren sämtliche Energiereserven. Die Mitarbeiter sind nicht weiter zu motivieren oder unter Druck zu setzen, um noch mehr Leistung zu bringen. Eine Grenzlinie der individuellen Ressourcen war erreicht. Energie und Leistung waren im Abschwung, die Begeisterung gewichen.

Das kam dem gesellschaftlichen Umschwung und der 68er-Revolution entgegen.

In den 70er Jahren entwickelte sich dann ein soziales Management im Sinne eines „Mach deinen Mitarbeiter glücklich!“; man war überzeugt: Der glückliche Mitarbeiter ist ein guter Mitarbeiter, er erzielt hervorragende Resultate, ist begeistert und motiviert. Denn glückliche Menschen bringen ja bekanntlich automatisch gute Resultate.

Die Maxime damals lautete: Versuche alles zu tun, was in deiner Macht steht, damit die Mitarbeiter glücklich sind. Im Klartext waren das: mehr Geld, bessere Arbeitsbedingungen, höhere Entscheidungsfreiräume und Gestaltungsspielräume, generell mehr Freiraum, mehr Belohnung, mehr Ferien. Nach der Devise: Mach es ihnen so schön wie möglich, dann fühlen sich die Mitarbeiter so wohl, dass sie begeistert zur Arbeit gehen. In dieser Richtung wurde viel experimentiert und versucht.

Doch es dauerte nicht allzu lange, bis zum Anfang der 80er Jahre, da merkte man schon, dass auch dieser Ansatz fragwürdig ist, denn der Mensch entwickelt aus sich heraus nicht einfach so einen arbeitswilligen Eifer, sondern er hat eine Grundneigung zur Faulheit.

Wenn sie alles immer schöner machen, dann genießt der Mitarbeiter das und gewöhnt sich sehr schnell daran. Der Aspekt, sich verwöhnen zu lassen, hat sich jedoch als viel größer erwiesen als man erwartet hatte.

Ähnlich erging es dem großen Sozialstaat Holland, wo niemand mehr arbeiten wollte, weil er dort mehr Geld bekam, wenn er nicht arbeitete. Viele wollten nur dort arbeiten, wo es entsprechend unterhaltsam und interessant war; und auf Grund des starken Verwöhngefälles wäre eine ständige Steigerung nötig gewesen.

Der starke Fokus auf das Soziale hat demnach nicht geholfen, ebenso wenig hatte der Taylorismus einen Fortschritt gebracht.

Dann kam ein Mann namens Kenneth Blanchard. Er war der Sprecher einer ganzen Gruppe von Leuten, die gesagt haben: Wenn wir Menschen zur Arbeit motivieren wollen, dann brauchen wir drei Dinge. Wir brauchen *Ziele,* man muss Resultate sehen können; wir brauchen *Lob und Anerkennung,* um Menschen glücklich machen und sie belohnen zu können; und wir brauchen *Korrektur* für den Fall, dass jemand faul ist."

Nach Blanchard liegt die Wahrheit in der stimmigen Mischung. Nur Leute loben und anerkennen, wie toll sie sind, wird nicht helfen, dadurch wächst man nicht. Kinder könnte man z. B. aus Prinzip beständig loben für etwas, das sie gut getan haben. Aber korrigiert man sie dann nicht auch entsprechend, wenn sie einfach nur faul und auf Null-Bock-Tour sind, dann fehlt etwas. Ebenso wäre ein reiner Korrekturkurs völlig verfehlt. Man muss ein Gespür für die Situation, für das Kind, für die Entwicklung gewinnen und entsprechend agieren.

Beim Führungsprozess gilt analog: Nur schematisch Ziele zu setzen, auf einem Formalprinzip herumzureiten, das bringt nichts ein – außer dass man dann schnell ausgelaugt ist. Die Kombination macht's! Und die richtige Kombination ist der Schlüssel für ein gelingendes Unternehmensklima, für ein gutes Coaching und eine gewinnende Zusammenarbeit zwischen allen Beteiligten im Lernprozess von Unternehmen.

Das ABC des Coaching ist also Folgendes: Ziele setzen, mit Lob und

Anerkennung nicht sparen, notwendige Korrekturen klar und transparent anbringen – diese drei Aspekte. Wir sehen, es handelt sich nicht um eine Revolution, sondern schlicht und ergreifend nur darum, diese drei Dinge umzusetzen.

Zielorientierung, kombiniert mit einem lobenden Blick und liebevoller Korrektur, das ergibt einen gesunden Dreiklang, der sich bewährt in unterschiedlichsten Praxisfeldern.

Ein Coach, der das umsetzt und optimiert, ist auf gutem Kurs und wird ohne Zweifel Erfolg haben. Erfolgreiches Coaching besteht in einer konzentrierten Vernetzung dieser drei Bereiche: Ziele, Lob und Korrektur.

Ziele vereinbaren

Warum sollte man Ziele setzen? Zunächst lautet die Antwortet: Weil man sich dann besser konzentrieren kann. Ein Mensch, der versucht, alles zu tun, wird bei allem letztlich weniger tun. Er wird schnell ausgelaugt sein.

Albert Weißmann, Professor in Nürnberg, hat einmal gesagt: „In der Konzentration ist der durchschnittlich begabte Mensch dem unkonzentrierten Genie weit überlegen". Die Welt ist voll von genialen Versagern, weil das Genialsein gar nichts bedeutet. Es ist eine Gabe, die man geschenkt bekommen hat. Aber sich zu konzentrieren, d. h. Disziplin anzuwenden, nein zu sagen zu vielem anderen, zu einem konkreten Projekt aber ja zu sagen und es zu wagen, auf ein paar wenige Punkte zu setzen und die dann richtig gut zu machen, das bringt wirkliche Exzellenz.

Mit dem Finger kann ich durch den Bierdeckel stoßen, mit der flachen Hand geht das nicht. Ich muss spitz sein, um Durchschlagskraft zu haben. Dies bedeutet, dass das Zielesetzen das Instrument ist, um sich zu konzentrieren. Wer sich nicht konzentriert, der verliert.

Ich habe zum Beispiel einen Mitarbeiter. Er ist Zeichner und hat klare, überschaubare Ziele. Er ist davon begeistert, kann sich konzentrieren, weiß, was er machen muss und was nicht. Das hat er ja auch schließlich selbst ganz in der Hand. Für seine Ziele – die in seinem Metier auch gut in ihrer Realisierung messbar sind – setzt er sich dann auch immer selbt eine Belohnung aus, was eine gute Sache ist. Man kann sich z. B. belohnen, wenn man eine Arbeit in drei Monaten avisiert hat und sie schon zwei Wochen früher vollendet ist. In messbaren Schritten seine Ziele und Etappenziele zu setzen, das kann sehr motivationsfördernd sein.

Bleibt die konkrete Frage: Wie setze ich Ziele mit einem Mitarbeiter?

1. Ein Ziel ist immer messbar hinsichtlich Zeit, Ergebnis, Verantwortung und €.

Das heißt, ein Ziel ist nur ein Ziel, wenn es messbar ist. Wenn es nicht messbar ist, dann ist es eine Absichtserklärung; doch darüber reden wir hier nicht.

Eine Absichtserklärung wäre etwa, ein besserer Vater zu werden. Das ist eine Absichtserklärung, kein Ziel. Sie ist nicht messbar.

Warum mögen die Leute oft keine Ziele? Weil sie es dann schwarz auf weiß haben, wenn sie versagen. Ziele sind nämlich immer schriftlich, sonst kann ich sie nicht mehr kontrollieren, sie nicht ergänzen oder mit anderen Zielen koordinieren. Aber die meisten Leute mögen keine Ziele; wenn schon Ziele, dann höchstens im Kopf. Wenn ich mir dann z. B. ein Jahr später sage: Was ich gemacht habe, ist eigentlich gar nicht so schlecht, ich hatte da so ein paar Ziele, die kann man ungefähr sehen, dann ist das natürlich ziemlicher Unsinn. Wenn ich eine Sache aber schriftlich fixiert habe, dann sehe ich, was ich nicht oder gut gemacht habe.

Zu bedenken wäre in diesem Kontext das Problem der schnellen Zielansteuerung. Es geht hier aber nicht primär um ein schnelles Erreichen, sondern um den besten Weg, ein Ziel zu realisieren.

Wenn es zum Beispiel ein Hindernis gibt, dann ist der schnellste Weg nicht der beste. Dann renne ich gegen das Hindernis an. Oder wenn ich jetzt auf dem Weg von A nach B losgehe, und das Leben läuft und läuft, und ich komme bei C heraus, was mache ich dann?

Manche Leute sagen dann einfach: Kein Problem, das ist gar nicht C, sondern ich erkläre jetzt C zu B. Wo ich hinkomme, ist immer das Ziel. Das ist wie in der Geschichte vom Bauern, der sich mit der Schrotflinte vor seine Scheune stellt und ein Loch hineinschießt, dann ganz lässig mit Kreide Kreise um das Loch zieht und sagt: „Ich habe getroffen!"

Das mag ein gutes Gefühl ergeben, aber ich lerne nichts dabei. Ziele sind eigentlich Lernerfahrungen. Sie ermöglichen uns wichtige Lernerfahrungen, denn wenn ich in C herauskomme und akzeptiere, dass das nicht der Punkt ist, wo ich hinwollte, dann kann ich anfangen, Fragen zu stellen:

Warum bin ich jetzt am Punkt C, was ist passiert? Vielleicht war mein Ziel nicht korrekt, vielleicht habe ich mich überschätzt, vielleicht habe ich mich unterschätzt – vielleicht lerne ich daraus für das nächste Mal; oder aber ich bin wirklich am Punkt C und muss das Ziel mehr in die andere Richtung setzen, um wieder auf die Spur zu kommen. Oder ich lerne vielleicht daraus, wenn ich zurückschaue: ich war einfach streckenweise faul – aber jetzt kommt ein neuer Abschnitt mit einer geänderten Einstellung!

Das Zielesetzen ermöglicht Lernerfahrungen; sich keine Ziele zu setzen heißt auch, sich selbst Lernerfahrungen zu verweigern. Also: Ziele setzen, um sich zu motivieren und daraus zu lernen, und nicht, um unheimlich straff das Leben zu organisieren.

Ein Ziel ist niemals eine Festlegung. Es gibt nur die Richtung an. Und dann gehe ich auf dem Weg und es passieren 1000 Sachen, von denen ich vorher nichts weiß.

Gott sei dank, weiß ich sie nicht vorher; so bleibt das Leben spannend und durch dieses spannende Leben bleibe ich doch auf der Bahn. Ich bleibe – um im Bild von oben zu sprechen – spitz, was auch wirklich wichtig ist. Es ist keine unnötige Festlegung, aber Ziele müssen messbar sein, sonst lerne ich nichts daraus.

Die begleitenden Fragen lauten dabei:

Wann will ich das erreichen? Was will ich erreichen? Wer ist dafür verantwortlich?

Was kostet das?

Wenn man das geklärt hat, ist ein Ziel messbar – und auch als ein solches anzusprechen. Das sollte man, wie gesagt, schriftlich machen.

2. Ein Ziel muss realistisch sein.

Unrealistische Ziele machen einen müde und krank. Ziele müssen zwar einerseits realistisch sein, andererseits aber auch gleichzeitig *anspruchsvoll*. Sie müssen mich schon herausfordern, sie müssen mich kitzeln, damit ich auch in mir selbst etwas in Bewegung bringe. Und schließlich:

3. Ziele müssen motivierend formuliert sein.

Ein Beispiel, wie man so etwas besser nicht macht, wäre, dass jemand sagt: „Ich möchte nicht dicker werden als ich es schon bin."

Das ist nicht sonderlich motivierend, und das ist auch kein Ziel. Ein negatives Ziel bewirkt häufig sogar das Gegenteil. Wer sich Grenzen setzt, die er als angstmachend definiert („Hilfe, ich werde dicker . . .!"), der wird sich unter Umständen gerade in diese Richtung bewegen. Negative Ziele bewirken oft einen eigenwilligen Sog.

Man hat mit Kindergartenkindern einen Test gemacht: Der einen Hälfte hat man drei Monate erzählt: „Wenn ihr eure Zähne nicht putzt, dann werden die ganz gelb". Man hat sie riechen lassen, wie es dann stinkt. Man hat ihnen erzählt, was dann alles passiert, wenn sie sich nicht an die Vorgaben halten, damit sie ja bloß die Zähne putzen. „Ihr müsst die Zähne putzen, sonst habt ihr später Spangen. Außerdem stinkt das und sieht schrecklich aus."

Der anderen Hälfte hat man drei Monate lang erzählt: „Ihr müsst eure Zähne putzen, denn wenn ihr eure Zähne putzt, dann sehen die ganz weiß aus, das riecht gut, ihr braucht dann keine Spange zu tragen, sondern im Gegenteil, ihr könnt euch richtig frei fühlen dabei."

Die Gruppe, die negativ motiviert wurde, fing an, tatsächlich die Zähne zu putzen, aus Angst; doch das ist kein guter Antrieb, eher ein negativ motivierter Schub. Nach kurzer Zeit schon ließ das Putzen mehr und mehr nach. Die positiv motivierte Gruppe fing an, immer besser ihre Zähne zu putzen, weil sie eine Perspektive hatte, die Spaß gemacht hat.

Also gilt es, positive Ziele zu formulieren. Wenn sie sagen: „Hey, ihr Mitarbeiter, wenn ihr euch nicht mehr anstrengt, dann gehen wir bald alle Pleite", dann ist das kein motivierendes Ziel.

Ich arbeite doch nicht nur dafür, dass ich nicht Pleite gehe. Das ist dann so stark in meinem Kopf als (Negativ-)Perspektive, dass ich nur aus Angst arbeite, und Angst ist kein guter Ratgeber. Sie setzt auch keine echte Energie frei, sondern maximal Abwehrkräfte. Ein ganz wesentlicher Punkt dabei ist, motivierend zu formulieren.

Vergessen wir also bei alledem nicht:

4. Gute Ziele sind wenige Ziele.

Ähnlich wie bei den Lernzielen, die wir schon hatten – drei bis fünf, und nicht 20 Ziele, und alles in kleine Schritte unterteilt. Da will ich konkret hin – und das sind die Schritte, die ich gehen will. Führen heißt an erster Stelle mit meinen Mitarbeitern Ziele setzen. Was für Ziele? Zum einen Dreijahresziele (also Entwicklungsziele) und Einjahresziele. Drei Jahre, das ist gerichtet auf die Entwicklung meiner Gaben und Fähigkeiten an der Arbeitsstelle, und ein Jahr, das ist ausgerichtet auf die Aktion des Jahres, was wir machen werden.

Wer setzt die Ziele? Der Mitarbeiter oder ich? Beide!

Ich arbeite mit meinen Mitarbeitern immer nach folgendem schlichten Schema: Drei Ziele steuert der Mitarbeiter bei, und ein Ziel stammt von mir.

Der Mitarbeiter soll Ziele entwickeln zum Wohl der Organisation. Also nicht Ziele, wie er ein schöneres Leben führen kann, denn wir reden hier über Arbeit.

Wie er seine Arbeit effektiver gestalten will, und wie er sich weiterbilden möchte, damit er die Arbeit mit mehr Spaß und mit einer höheren Qualität erledigen kann. Er soll dabei schon konkrete Ziele vorlegen. Dann reden wir darüber, bis wir uns einig sind, was realistisch bzw. anspruchsvoll ist. Solche klaren Zielbestimmungen wirken oft sehr motivierend.

Aber ich kann auch noch selbst Ziele definieren, die ich haben möchte, die er vielleicht gar nicht so sieht. Dann müssen wir darüber diskutieren, und dabei ist es meine Aufgabe, ihm mein Ziel so nahe zu bringen, dass es sein Ziel wird. Sonst hat es keinen Sinn. Für seine Ziele fühlt er sich verantwortlich, meine Ziele muss er wirklich gut verstehen.

Wenn ich dies tue, coache ich ihn zur Selbstverantwortung. Wenn ich jemandem nur Ziele vorgebe, die ich persönlich lustig und wichtig finde, dann coache ich ihn nicht zur Selbstverantwortung, er vergisst dann, selbst nachzudenken.

Aber das Ziel ist immer ein in der Verantwortung reifender und wachsender Mitarbeiter, der selbst denkt, selbst Ziele setzt, aber sie mit mir abstimmt und von mir im Gegenzug stimuliert, „gekitzelt" wird, um etwas aus seinen Möglichkeiten und Talenten zu machen.

Coaching heißt: jemandem helfen, mündig zu werden, in seinen Aufgaben, in seinen Möglichkeiten zu reifen. Der erste Schritt dabei ist, konkrete Ziele zu setzen. Denn lernt der Mitarbeiter, sich selbst Ziele zu setzen, dann kann er auch in eigener Regie kontrollieren und beobachten, ob er sie auch erreicht. So lernt er, sich selbst zu reflektieren. Er lernt, weil er sich selbstverantwortlich Ziele setzt. Das ist der erste Schritt. Der zweite folgt nun:

Ehrliches Lob

Vor einigen Jahren gab es eine große Untersuchung darüber, was Mitarbeiter am meisten von ihren Vorgesetzten erwarten. Interessant dabei war besonders einer der drei Aspekte, die ganz oben standen: eine regelmäßige Leistungsbeurteilung. Menschen möchten gerne, dass ihre Leistung beurteilt wird. Denn dann wissen sie erst, dass die Leistung ausreicht bzw. ob sie gut war.

Es ist sehr schwierig, die eigene Leistung ohne Feedback zu beurteilen. Es gibt Leute, die übertreiben das: Sie denken, dass sie rundum genial sind. Aber das sind nur ganz wenige derer, die so denken. Tief in sich haben die meisten Menschen eher eine gewisse Unsicherheit, ob es wohl genug ist, was sie machen, ob es ausreicht, ob ihre Leistung auch so gewünscht ist.

Manche Leute sagen: „Ach, ich brauche das meinen Mitarbeitern nicht zu sagen, wenn sie gut sind; wenn ich nicht meckere, dann wissen die schon, dass ich zufrieden bin." Das ist blanker Zynismus und entspricht keinesfalls der Realität. Mitarbeiter brauchen Rückmeldung – und nicht nur einen Meckerappell, wenn einmal etwas nicht gelungen ist.

Einer meiner Freunde ist Pfarrer. Nach seinem ersten Jahr in der Gemeinde hat er alle Presbyter zusammengerufen; 12 Presbyter saßen um ihn herum. Es war ein „Feedback-Meeting".

Einer nach dem anderen erzählte, was alles nicht geklappt hatte, was nicht richtig war, was verbesserungswürdig sei. Das geschah in einer entspannten Atmosphäre, ohne giftige Untertöne. Sie haben sauber reflektiert. Zum Schluss war mein Freund ganz deprimiert. Mit der letzten Energie, die er hatte, sagte er: „Entschuldigung, meine Damen und Herren, gab es denn nichts, was positiv zu berichten wäre aus dem vergangenen Jahr?"

Da haben alle ganz ungläubig dreingeschaut: „Herr Müller, Sie haben das falsch verstanden. Alles, was wir nicht gesagt haben, das können Sie Ihrem Konto gutschreiben."

Das ist schon eine seltsame Mentalität. Wir sagen, dass es wichtig sei festzuhalten, was nicht richtig war, damit wir das verbessern können, und wenn wir nichts sagen, sind wir halt zufrieden.

Dabei ist nur ein Haken: Der Mensch funktioniert nicht so, dass er damit glücklich ist. Er ist so auch kaum motiviert. Und das ist das Gleiche wie bei der Motivation von vorhin im Kindergarten: Wenn ihr das nicht macht, dann passiert das und das, und garantiert werden sie das machen, was sie nicht machen sollen. So ist es auch bei einer rein negativen Rückmeldung. Es erweitert sich das negative Selbstbild. Dadurch hilft man niemandem zu einem guten Selbstbild oder zu einer positiven Selbsteinschätzung.

Hier stehe ich und bin glücklich und dort steht jemand anderes, der ist ebenfalls glücklich. Ich sage etwas, und es kommt nur begrenzt an. Warum? Ich spreche immer über einen Abgrund. Ich kenne den anderen nicht, wir berühren uns nicht, ich weiß nicht, wie und was er denkt. Und es wird falsch verstanden oder vergessen. Kommunikation heißt, eine Brücke zu bauen über diesen Abgrund, eine Brücke, auf der wir uns begegnen können. Es ist die Brücke von Vertrauen und Respekt. Wenn ich jemanden lobe und es ernst meine, dann baue ich Vertrauen auf. Der andere weiß, ich habe ihn positiv beobachtet und will ihn nicht fertig machen, ich will ihm dienen; also baut er Vertrauen auf, und ich baue an der Brücke zwischen ihm und mir. Ich baue auch Respekt auf, und wenn die Brücke gebaut und fest wird, dann können wir uns immer leichter begegnen, dann können wir uns auch für Kritik öffnen. Aber Kritik hinüberschreien von hier zur anderen Seite, damit baue ich keine Brücke. So entstehen höchstens Angst und Unsicherheit, ich baue eine Mauer aus Verteidigungmanövern und Ausreden. Es ist notwendig, dass ich erst die Brücke durch Vertrauen und Respekt baue, um auch im Stande zu sein, Kritik zu äußern.

Kommen wir hier nun zu ein paar Grundregeln des Lobens:

1. Seien Sie spezifisch!

Wenn ich in das Büro komme und sage: „Vincent, du bist echt ein toller

Kerl", dann sagt er: „Oh, danke". Eine Viertelstunde später, wenn ich mir meinen Kaffee hole, sage ich: „Ah, Vincent, du bist wirklich klasse". Vielleich antwortet er noch einmal: „Ja, danke", aber spätestens jetzt denkt er: „Hat er Probleme? Will er was von mir?"

Um das zu verhindern, sollte ein Lob spezifisch und begründet sein.

2. Loben Sie direkt bzw. umgehend!

Manche Leute sagen am Ende eines Jahres: „Einmal im Februar des vergangenen Jahres, ist mir aufgefallen, dass Sie meine Urlaubsvertretung wunderbar gemacht haben. Das wollte ich Ihnen immer schon mal sagen."

Ganz schlimm ist das, wenn Leute verabschiedet werden. Wenn sie so 20 Jahre im Dienst waren, dann kommen immer Lobeshymnen. Man hat dabei häufig das Gefühl, hier wird versucht nachzuholen, was man jahrelang nicht gemacht hat. Nach der Devise: jetzt noch einmal richtig loben, damit er auch einigermaßen glücklich geht; aber das ist widersprüchlich. Es hat die falsche Wirkung. Schnell und regelmäßig zu loben, persönlich und auch in der Öffentlichkeit, das sollte eine normale Angelegenheit sein und nicht für besondere Abschiedszeremonien aufgehoben werden.

3. Loben Sie auch öffentlich!

Ich sage jemandem, was ich gut fand, auch öffentlich.

Warum sollte man nicht öffentlich loben, was würde dagegen sprechen? Ich denke: Neid ist der Hauptgrund.

In Deutschland gibt es Listen, was die größten Glücks- und Kreativitätskiller sind. Bei beiden Listen steht Neid auf Platz eins.

Der größte Glückskiller ist Neid. Menschen, die neidisch sind, können nicht mehr genießen, weil sie beständig sehen, was andere haben – und sie nicht. Beständig setzen sie sich damit auseinander, warum sie das nicht haben, und beständig suchen sie nach Schuldigen, die irgendwie dafür verantwortlich sind, dass sie selbst eine „arme Socke" sind. Solche Menschen führen ein reaktives Leben und machen sich völlig abhängig von der Umwelt. Sie können gar nicht mehr aktiv werden. Neid ist der größte Glückszerstörer, und interessanterweise auch der größte Kreativitätskiller.

Leute, die neidisch auf andere sind, versuchen immer nur zu erklären, warum es anderen gut geht; sie sind nicht damit beschäftigt, ihre eigenen Begabungen zu entfalten und freizusetzen, sondern haben ihr ganzes Augenmerk stets auf andere gerichtet.

Wenn also in ihrem Team Neid herrscht, dann ist es eine Kultur, die gerade in Deutschland sehr stark verbreitet ist, weil sich Menschen hier sehr gerne vergleichen. Das fängt schon in der Schule an.

Als meine Kinder in der Schule waren, haben sie sich automatisch immer verglichen: Der hat so tolle Schuhe, fährt immer mit seinen Eltern nach Gran Canaria in Urlaub, bekommt alle Geschenke, die er sich wünscht und hat ganz viel Geld zur Kommunion bekommen. Das Leben in der Schule besteht aus Vergleichen, bei ganz kleinen Kindern im Kindergarten fängt das schon an. Als wir dann nach Holland in ein Dorf umgezogen sind, wo einfach ein anderes Leben herrscht als in einer Großstadt in Deutschland, waren meine Kinder sehr verunsichert in der Schule. Schon nach einer Woche sagten sie: „Papa, da ist irgendetwas komisch, wir kommen damit nicht zurecht. Niemand vergleicht sich hier; man wird hier einfach nicht verglichen."

Sie waren es gewohnt, dass sie so ihre Position bestimmen konnten. Hier gibt es das gar nicht – und sie waren daher sehr verwirrt. Die Struktur mit dem Vergleichen und dem Neidfaktor war schon stark in ihrem Bewusstsein verankert.

Paulus sagt an einer Stelle (2. Korintherbrief Kap. 10,12f): „Ich wage allerdings nicht, mich mit denen in eine Reihe zu stellen, die sich selbst anpreisen. Ich kann mich selbstverständlich nicht mit ihnen messen. Sie sind so unverständig, dass sie ihre eigenen Maßstäbe aufrichten und sich an sich selbst messen. Ich dagegen rühme mich nicht ohne Maß. Gott hat mich mit der Guten Nachricht bis zu euch gelangen lassen. Das ist der Maßstab, nach dem ich mich beurteile."

„Unverständig", also dumm nennt Paulus hier seine Kontrahenten in der Hafenstadt Korinth, die sich selbst anpreisen und offenbar keinerlei Maßstab im Sinne einer positiven Überprüfung ihres Tuns zulassen. Paulus setzt hier das Evangelium als Kriterium und Basis seines Wirkens in den Mittelpunkt. Sich davon zu distanzieren und sich selbstherrlich zu gebärden, ist keine christliche Tugend, sondern eher eine gewisse Form von intellektueller Dummheit.

Das war sicher eine wichtige Gewohnheit, die Paulus sich antrainiert hatte: sich am Evangelium zu messen und von daher sein Leben und Denken zu trainieren, diese Haltung der Offenheit zu Gott immer besser einzuüben. Alte Gewohnheiten des Vergleichens mit anderen, die schnell mit Neid und Argwohn einhergehen, sollten wir immer mehr verlernen. Mit Neid umzugehen, das ist eine der großen Herausforderungen unserer Zeit, auch gerade für christliche Führungskräfte und Menschen, die etwas gegen den Negativtrend des permanenten Vergleichens tun möchten.

Das Gegenstück von Neid ist, Leute öffentlich zu loben, diesen Neid sogar herauszufordern. „Ist das nicht echt super, dass der Müller jetzt schon wieder einen Auftrag hereingeholt hat! Das ist begeisternd, oder?" Die anderen werden denken: „Hör mal, ich habe letzte Woche auch einen Auftrag hereingeholt. Aber das nächste Mal sage ich das zu jemand anderem."

Wenn ich es schaffe, eine Kultur aufzubauen, in der auch öffentlich positiv zueinander und übereinander gesprochen wird, dann hat Neid weniger Möglichkeiten. Aber fangen Sie konkret an, persönlich zu loben. Dann prägen Sie auch schon die Kultur in Ihrem Team. Dann bekommen die Leute mit, dass es Spaß macht, und sie fangen an, auch die anderen zu loben. Fangen Sie mit persönlichem Lob an, und seien Sie offen dafür, es später auch öffentlich vor anderen zu tun.

Konstruktive Kritik und Korrektur

Wenn Tadel unbewusst geschieht, werden Beziehungen belastet.

Fragen wir also: Was sind die Vorteile von Tadel, von Korrektur? Wenn man das richtig macht, was gewinnen wir damit? Warum sollen wir tadeln?

Was sind die Vorteile von positivem Tadel?

- Durch positiven Tadel kann ich mich weiterentwickeln, weil ich weiß, was ich falsch mache.
- Mitarbeiter haben dadurch die Chance, sich weiterzuentwickeln.
- Durch Tadel erhalte ich wieder neue Orientierungspunkte.
- Tadel kann durchaus Klarheit in Beziehungen bringen, und das führt zu mehr Verständnis und ist so die Grundlage für eine stärkere Kultur des Vertrauens.
- Wenn ich nicht tadele, öffne ich häufig die Tür für Misstrauen und für alles, was dem folgt.
- Ein weiterer Vorteil ist, dass ich selbst reife, indem ich einen Tadel wage, denn ich muss mich überwinden, das zu tun. Und wo ich mich überwinden muss, da reife ich in meinem Charakter.

Jedesmal, wenn ich vernünftig tadele, reife ich persönlich mit. Tadel ist eine phantastische Sache, sehr wichtig und notwendig, aber es macht eigentlich keinen wirklichen Spaß – zumindest mir nicht.

Man kann zwar auch durch die Blume tadeln, oder man tadelt vor versammelter Gruppe und alle werden dann angesprochen. Aber eigentlich meint man nur zwei Leute. Dann hat man Angst, nur mit diesen beiden zu sprechen und packt das in ein Gespräch vor 150 Leuten. Das ist Manipulation! Ein ganz wichtiger Punkt beim Tadel lautet: Er sollte nicht öffentlich sein; Tadel darf nur unter vier Augen geschehen! Das ist etwas ganz persönliches und ich muss dem anderen Raum geben, sich zu verteidigen und das zu erklären, und das ist kaum möglich, wenn andere dabei sind.

Konkret: Wie tadele ich konstruktiv?

1. Schnell, aber nicht sofort

Wenn Sie mit Ihrem Tadel zu lange warten, wird sich Ihr Mitarbeiter fragen: „Wieso sagt mein Chef nichts, wenn er mit meiner Leistung eigentlich nicht zufrieden ist? Und wenn er seine Kritik immer Tage oder Wochen zurückhält, weiß ich nie, woran ich mit ihm bin."

Aus diesem Grund sollte ein Tadel innerhalb weniger Tage nach dem Ereignis stattfinden, auf das er sich bezieht. Allerdings lohnt es sich, zumindest eine Nacht darüber zu schlafen, damit sich eventueller Ärger erst einmal gelegt hat und sich nicht unkontrollierte Beschimpfungen oder Übertreibungen über dem Mitarbeiter ergießen, die Ihnen hinterher Leid tun.

2. Fragen Sie zuerst!

Fragen Sie, wie es zu diesem Fehler gekommen ist. Finden Sie heraus, ob Ihr Mitarbeiter es „nicht gekonnt" oder „nicht gewollt" hat. Denn „nicht gekonnt" erfordert keinen Tadel, sondern eine realistische Zielsetzung. Vielleicht war der Zeitrahmen nicht realistisch gesteckt oder sein Ausbildungsstand nicht hoch genug, oder es gab unvorhergesehene Behinderungen oder Katastrophen.

Wenn Sie aber gemeinsam feststellen, dass der Grund ein „nicht gewollt" war, dann ist ein klarer Tadel angesagt.

3. Seien Sie spezifisch!

Bringen Sie die Sache auf den Punkt, seien Sie konkret, nennen Sie die Fehler beim Namen. Vermeiden Sie verallgemeinernde Aussagen wie: „Sie sind einfach faul!", sondern begründen Sie jede Aussage mit klaren Beispielen.

4. Kurz und schmerzhaft

Fassen Sie sich kurz. Einmal deutlich gesagt, reicht. Ken Blanchard sagt: „Eine Minute reicht."

„Schmerzhaft" ist natürlich symbolisch gemeint und drückt sich zum Beispiel so aus, dass Sie auch ihr Gefühl zeigen. Denn wenn der Mitarbeiter faul oder boshaft war (beim Lästern zum Beispiel), hat er auch Sie als Vorgesetzten beleidigt und eventuell verletzt.

5. Bitten Sie um einen Lösungsvorschlag!

Damit Ihr Mitarbeiter lernt, selbstständig zu entscheiden, und nach diesem Tadel in seinem Selbstrespekt gestärkt wird, sollte er nun herausgefordert werden, anzugeben, wie er die Situation oder sein Verhalten ab jetzt ändern will.

6. Bekräftigen Sie Ihr Vertrauen zu Ihrem Mitarbeiter

Jeder Mensch braucht immer wieder eine ausgesprochene Bestätigung, dass man ihm vertraut. Dies gilt insbesondere nach einem Tadel. Sie brauchen natürlich nicht die Ausflüchte oder das Selbstmitleid Ihres Mitarbeiters zu bestätigen. Das hilft keinem. Aber bringen Sie Ihr grundsätzliches Vertrauen zu ihm zum Ausdruck.

Eine heikle Frage dabei ist: Wie kann ich einen Chef tadeln?

„Also, Herr Peters, ich möchte einmal kurz mit Ihnen sprechen. Wissen Sie, wie Sie uns behandeln, das geht nicht. Ich würde Ihnen als Lösung vorschlagen, demnächst mal ein Management-Seminar zu besuchen." Das funktioniert natürlich nicht, so kann man nicht mit einem Chef umgehen.

Chefs machen viel mehr Fehler, weil sie nicht alles beherrschen können, und einen Chef tadeln, das geschieht eigentlich nur aus Respekt. Wenn ich meinen Chef tadeln will, dann muss ich mir überlegen, ob ich ihn auch respektiere.

Wenn es etwas bringen soll, dann muss ich die Brücke bauen – und das wird nur über den angemessenen Respekt gehen.

Ein guter Weg ist es hier, über Gefühle zu sprechen.

Ein Beispiel: Der Chef ist außer sich, weil er denkt, ich hätte etwas verbockt. Wir sitzen im Büro, der Chef kommt herein, macht die Tür auf und sagt: „Donders, was Sie wieder fabriziert haben, ist völliger Unsinn; ich möchte, dass das bis heute Mittag erledigt ist. Tschüss."

Wie würde ich mich dann fühlen? Mein Kollege sitzt mir gegenüber, ich habe nichts sagen können, bin öffentlich getadelt worden. Er denkt vielleicht: „Dieser arme Donders, aber er ist ja auch ein Idiot." Es wäre möglich, dass er so denkt, denn ich konnte nichts erklären, mich nicht verteidigen, ich saß einfach nur da. Was mache ich? Ich könnte ja zum Chef gehen, die Tür aufmachen und sagen: „Hören Sie mal, was Sie da gerade gesagt haben . . .!"

Das mache ich sicher auf keinen Fall! Aber es ist richtig, zum Chef zu gehen und zu sagen: „Herr Peters, darf ich kurz mit Ihnen sprechen?" „Na sicher." „Wie Sie mich eben hier behandelt haben, war für mich nicht einfach. Ich habe Verständnis, dass Sie aufgeregt waren, aber ich möchte Ihnen erzählen, wie es bei mir angekommen ist. Ich saß da meinem Kollegen gegenüber, und er denkt sich jetzt einiges. Er weiß ja nicht, was los war, ich weiß selbst nicht richtig, was los war. Aber es hat etwas in mir ausgelöst. Ich fühle mich sehr bloßgestellt. Wäre es möglich, dass Sie mich beim nächsten Mal kurz anrufen? Ich komme gerne zu Ihnen und höre mir dann alles an, ich bin gerne bereit, Ihre Kritik zu hören. Aber wäre es möglich, dass Sie das nicht mehr öffentlich machen?"

Was mache ich dadurch? Ich spreche über meine Gefühle, und über meine Gefühle kann man nicht diskutieren. Er kann nicht sagen: „Herr Donders, Sie haben diese Gefühle gar nicht." Man kann nicht darüber diskutieren, und so ist das Reden über Gefühle auch eine Art Geheimwaffe. Über Gefühle zu sprechen ist etwas anderes als eine Diskussion.

Ich habe nur gesagt, was war und was sein Verhalten bei mir ausgelöst hat. Ich zeige mich ein wenig schwach, aber ich muss dann auch einen Verbesserungsvorschlag bringen, der realistisch ist. Ich mache das nicht im Team, weil ich das genauso auch von ihm erwarte. Sobald in der Öffentlichkeit getadelt wird, werden Motivationen angezweifelt. Öffentlicher Tadel ist nur angebracht, wenn jemand ein wirklich charakterloser, hinterhältiger Mensch ist. Wenn jemand aber etwas nicht konnte, dann kann ich ihn auch nicht tadeln. Öffentlicher Tadel ist immer ein Anzweifeln bestimmter Motivationen in einem bestimmten Bereich. Wenn ich die Motivation öffentlich anzweifle, dann kann der andere sich gar nicht mehr richtig verteidigen. Alles, was er danach sagt, wird die Sache nur noch schwieriger machen. Das ist ein völlig unfairer Angriff.

Was tut man nun aber, wenn dem Chef auf fachlicher Ebene ein Fehler unterlaufen ist?

Wenn jemand einen fachlichen Fehler macht, ich es wahrnehme und sehe, dass niemand ihn darauf aufmerksam macht und niemand anderes für ihn verantwortlich ist, dann ist es klar: Der Chef hat das Recht, von mir zu hören, dass er einen Fehler gemacht hat. Wenn er es selbst nicht mitbekommen hat, dann habe ich eine Mitverantwortung der Situation – und auch ihm selbst – gegenüber. „Herr Peters, dies ist gewesen, ich war dabei. Das ist nun die Folge daraus. Ich möchte Sie einfach mal um Ihre Einschätzung bitten, warum das passiert ist. Was ist Ihr Vorschlag, wie könnte man das ändern?" Das ist allerdings alles andere als leicht; gerade, wenn man den Eindruck hat, dass der Chef eben selbst Auslöser oder Mitverursacher eines Missstands ist.

Was ist mit meiner Verantwortung, wenn ich das Gefühl habe, dass der Chef sich überarbeitet?

Einfach gesagt: Dafür bin ich nicht verantwortlich. Beim Tadeln des

Chefs geht es vor allem um jene Fälle, in denen er in meine Situation eingreift. Ich muss darauf reagieren. Auf alles, was er tut und was mir schadet, habe ich ein Recht zu reagieren. Aber alles andere ist schwierig, wir haben es hier mit einer Grauzone zu tun. Ich bin nicht der Erzieher meines Chefs! Chefs sind keine Dressurpferde, und sie sind auch keine Kleinkinder, die man erziehen müsste!

Wann sollte man den Chef tadeln? Ich denke, wenn man so richtig irritiert ist, weil der Chef einen schlecht behandelt hat, dann kann man fast nicht anders, als mit anderen darüber zu reden. Wenn mein Chef mich fertig macht, geht das meist ziemlich tief, und dann muss ich darauf reagieren. Ich muss mit jemandem darüber sprechen. Und dann ist es besser, es mit ihm als mit anderen zu tun. Das ist sicherlich nicht einfach, aber dies ist das angemessene, richtige Benehmen, der richtige Weg.

Die Kritik-Etikette verlangt eine „Nettikette" der Achtung und Wertschätzung, die auf allen Begegnungsebenen – und vor allem in der Konfrontation mit dem Chef! – eine Rolle spielt.

Ich muss mich prüfen, ob ich Respekt habe ihm gegenüber, kann dann über meine Gefühle reden und realistische Verbesserungsvorschläge machen.

Es gibt noch einen sehr schönen Bibelvers zum Thema Faulheit. Das hat mich sehr angesprochen. Ich fand das zwar nicht so angenehm, weil ich eher ein Lebensgenießer bin, aber diese Stelle ist wichtig, besonders für uns Führungskräfte.

„Sprüche Salomo" (Kap. 10, 26): „Wie Essig für die Zähne und Rauch für die Augen, so ist ein Faulpelz für seinen Arbeitgeber."

Was heißt das? Wenn meine Mitarbeiter, also die, die ich sende, faul sind, dann ist das für mich wie Essig auf meinen Zähnen und Rauch in meinen Augen. Das bedeutet, die Faulheit von Mitarbeitern ist persönlich verletzend. Das ist einer der Gründe, warum sich Führungskräfte von Mitarbeitern isolieren. Sie werden durch deren Faulheit verletzt. Die meisten werden das aber nicht so sehen, sondern einfach nur irritiert werden und immer mehr irritiert werden, und irgendwann entsteht etwas zwischen mir und dieser Person, eine richtige Verletzung. Da kommt man ohne Klärung nicht heraus. Wenn man das einfach stehen lässt, dann wird das immer intensiver und der Ärger immer größer. Irgendwann wird man damit leben, wird man sagen, dass der andere einen mal gernhaben kann . . . Und dann ist natürlich keine Kommunikation mehr vorhanden.

Faulheit provoziert bei dem, der mich sendet, im Regelfall richtigen Ärger. Das ist wichtig, sich zu realisieren und Leuten zu vergeben. Aber nicht nur zu vergeben, sondern auch darüber zu reden. Deshalb ist ein Tadel durchaus ein klärender und reinigender Prozess.

Delegieren

Es gibt Leute, die fahren zum Managementseminar und hören dort: „Mensch, du musst mehr delegieren." Sie kommen dann nach Hause und delegieren alles. Sie wollen die Arbeiten los werden. Sie denken sich: „Ich will mehr Zeit haben für wichtige Dinge, also muss ich mehr delegieren." Und sie geben die Projekte ab und sind begeistert, weil sie auf einmal viel mehr Freiheit haben. Allerdings hält die Begeisterung oft nur relativ kurz an.

Wie tun das die Leute, denen sie alles delegiert haben? Was kommt dabei heraus?

Ein Beispiel: Gemeinsam mit seinen drei Freunden fängt jemand eine kleine Firma an. Und sie machen alles, jeder macht alles, kein Problem. Aber es kommen immer mehr Leute dazu. Die Firma wächst – und das ist auch kein Problem, zunächst. Der Chef führt alle seine Mitarbeiter, doch irgendwann merkt er: Das haut nicht mehr hin. Warum nicht? Er führt ein „Hochsitzmanagement". Er sitzt ganz oben mit seinem Fernglas, und hier unten sind alle seine Mitarbeiter. Er muss einen hohen Sitz haben, um das Ganze zu überblicken, weil es immer mehr Leute werden. Was macht er? Er hat allen diesen Leuten gesagt, was sie zu tun haben – und sie halten sich daran. Irgendwo fängt es an zu brennen, dann kommt er runter, löscht das Feuer und klärt das. Dann geht er schnell zurück auf seinen Hochsitz, um zu sehen, was passiert. Es brennt an anderer Stelle. Er geht dorthin.

Interessant ist, dass er immer bei seinen Leuten ist, wenn es nicht läuft. Er kommt immer, um zu reagieren. Er entwickelt sich regelrecht zu einer Feuerwehr. Doch je mehr Mitarbeiter es werden, um so mehr Personen gibt es, zu denen er nie hinkommt, weil er nur reagiert. Und dann entwickeln die Mitarbeiter ihre eigene Art von Rauchsignalen, damit sie ihn mal sprechen können.

„Hochsitzmanagement" nennen wir also dieses reaktive Verhalten, aber das ist kein Führen oder Ausbilden, sondern eben nur ein Reagieren.

Jetzt geht dieser Mann zu einem Managementseminar und hört dort, er müsse mehr delegieren. „Toll", sagt er sich, „das habe ich jetzt verstanden." Seine drei alten Freunde sind auf wundersame Weise jetzt Führungskräfte geworden, einfach, weil sie lange dabei sind, und wenn man lange dabei ist, kann man führen. Also, was macht er? Er wandelt sie um in Gruppenleiter seiner Firma. Das ist auch richtig. Delegieren Sie jetzt, dann haben Sie wieder Luft zum Atmen.

Wie werden diese Freunde nun aber die Mitarbeiter führen, wenn man dies mit dem Führungsstil des Chefs vergleichen würde?

Am Anfang sieht das natürlich anders aus. Sie haben ja auch gemerkt, dass das alles nicht mehr so gut funktionierte. Also wollen sie alles viel besser machen, vielleicht gehen sie über zu Teamarbeit. Sie haben gehört, dass Teamarbeit wichtig ist. Sie wissen zwar nicht, wie das geht, aber sie machen es auf alle Fälle nicht so wie der Chef. Denn da hat man ja gesehen, dass das nicht hinhaut. Am Anfang klappt es auch, doch irgendwann müssen auch sie Resultate präsentieren und merken dann: Das haut nicht so hin mit der Teamarbeit; und nach einer gewissen Zeit fangen sie an, die Leute genauso zu führen, wie sie es immer gesehen haben, nämlich direktiv. Weil sie das so oft gesehen haben, sind sie damit vertraut. Nur entstehen dann Irritationen zwischen ihnen und diesen Mitarbeitern, denn die Mitarbeiter sprechen dann etwa folgendermaßen über ihre neuen „Klein-Chefs“: „Ich sage euch mal was, das sind vielleicht Typen, die sind jetzt zwar meine Chefs, aber viel haben sie noch nicht verstanden“, und jetzt merken sie, dass sie nicht ausgebildet sind für ihre Aufgabe; sie haben es ja auch nur ohne große Ankündigung „mal eben“ übergeben bekommen. Jetzt fangen sie an, einen so genannten Kommunikationsstopp einzubauen. Sie sagen: „Wir müssen vorsichtig sein, was wir aus unserer Abteilung nach oben durchsickern lassen. Wenn der Chef weiß, dass die hier alle Stress und Ärger machen, dann ist er mit uns nicht zufrieden.“ Also übersetzen sie alles, was hier unten passiert, in der Kommunikation nach oben in eine freundlich-gefällige Sprache. Wenn sie etwa Teamtreffen haben, ist bei ihnen alles in Butter, alles läuft gut. Sie haben ihre Ziele erreicht; es geht gut. Aber auch in umgekehrter Richtung sind sie „Übersetzer“: Alle Informationen, die sie weitergeben an die ihnen unterstellten Mitarbeiter werden ebenso aufbereitet und „übersetzt“.

Sie bauen also einen Kommunikationstopp ein. Dann ist die Basis für Misstrauen gelegt.

Wir halten uns das einmal grafisch vor Augen: Es gibt zwei Richtungen auf dieser Skala. Einmal nach rechts, das nennen wir fordern bzw. direktiv.

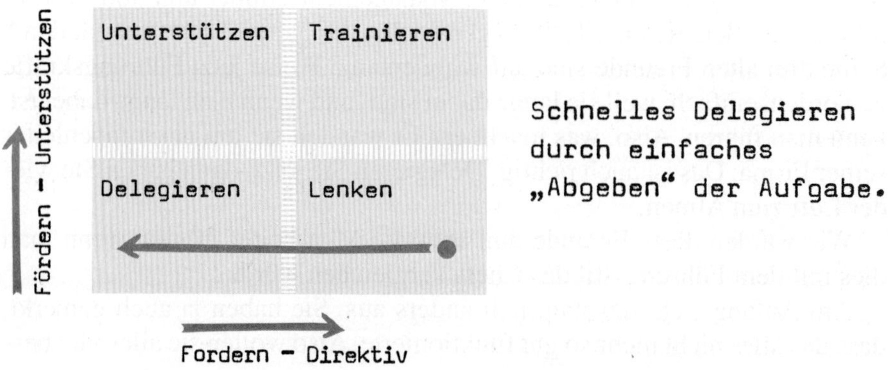

Ich sage, was passiert – und du machst das! Je weiter die Skala nach rechts geht, desto direktiver und fordernder. Je mehr es nach links geht, desto weniger sage ich.

Eine weitere Skala ist vertikal angeordnet, zeigt von unten nach oben. Je weiter es nach oben geht, desto mehr fördere und unterstütze ich. Das heißt, der nach oben gehende Führungsstil bedeutet fördern, viel Zeit investieren, mich um den Menschen kümmern.

Nach rechts bedeutet, ich kümmere mich mehr um das Resultat, ich fordere, bin direktiv.

Wenn ich führe, beginne ich meistens zu einem Zeitpunkt, wenn die Leute noch keine Ahnung haben. Am Anfang muss ich ihnen klare Ziele geben, sie *lenken*. Das ist ein direktiver Führungsstil, bei dem man sich nicht so sehr um den Menschen kümmert, sondern gemeinsam Resultate schafft. Wenn ich jedoch zu viele Leute auf diese Art und Weise führe, dann wird das mühsam. Wenn ich nur drei so führe, ist das noch recht einfach, denn ich kann denen immer sagen, was sie tun sollen. Sie führen es aus, kommen zurück und ich sage ihnen, was sie als nächstes tun sollen usw. Das ist ganz einfach. Wenn dann 20 Leute kommen und fragen, was sie tun müssen, dann geht das nicht mehr. Es wird anstrengend und mühsam.

Also fange ich notgedrungen an mit dem Delegieren. Delegieren heißt, wenig zu fordern, ohne große Direktiven Mitarbeitern Verantwortung und Autorität zu übergeben. Das ist zweifelsohne kaum unterstützend. Ich übergebe den Mitarbeitern ein Projekt, sie können und sollen es selbst machen, ich muss mich nicht mehr darum kümmern – ich habe es ja delegiert!

Das ist eine Form des Delegierens, die einem relativ wenig Anstrengung abverlangt. Ich lenke wenige Leute, und wenn es zu viele werden, delegiere ich auf diesem Weg. Aber die Leute, die ich jetzt delegiere, habe ich nicht ausgebildet, ich habe sie nicht trainiert, nicht gefördert, nicht weiterentwickelt. Ich habe sie eben machen lassen, und sie machen das jetzt irgendwie. So entsteht eine Grundlage für Misstrauen.

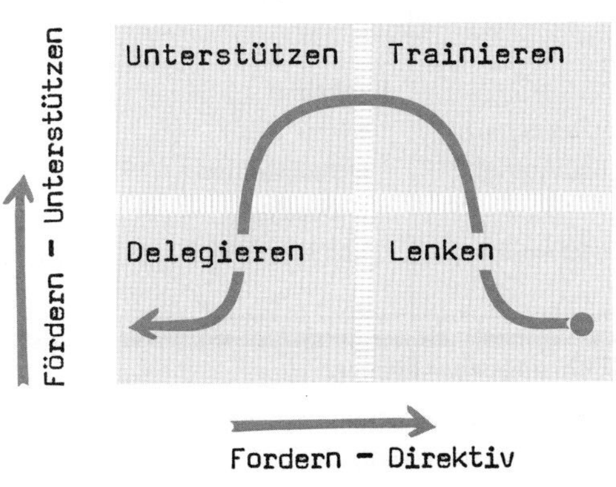

Richtiges Delegieren durch Ausbilden und „Übertragen" der Aufgabe.

Das Ziel wäre Training und Unterstützung. Wir steigen beim Lenken ein und gehen relativ schnell zum *Training* über. Das Training ist auch direktiv, auch hier sage ich klar, wo es lang geht. Aber dabei bilde ich aus. Ich gehe vom Lenken dann über zum intensiven Ausbilden; das geschieht dann in stetig nachlassender Intensität, immer weniger fordernd; und zum Schluss übergebe ich dem Mitarbeiter die komplette Aufgabe.

Dieser Prozess verläuft also von direkter Führung über die Ausbildung zum Delegieren. Das ist eigentlich widernatürlich. Denn ich muss Zeit investieren! Aber was eine Führungskraft am wenigsten hat, ist Zeit. Das Kostbarste, was wir als Führungskraft haben, ist Zeit, und dieses Zeitkapital zu investieren, um Zeit zu gewinnen, empfinden wir häufig als widernatürlich; aber nur so gewinnt man Zeit. Man gewinnt nur Zeit, indem man zunächst Zeit investiert. Man investiert Zeit in die Mitarbeiter, damit sie selbstständig und gut ausgebildet werden, damit sie wissen, worum es geht. Und dann kommen sie immer mehr dorthin, dass sie selbstverantwortlich, selbstständig eine Menge übernehmen. Das Endresultat ist super, aber der Weg dorthin ist Arbeit.

Können Sie sich vorstellen, dass, wenn ich durch diesen Ausbildungsweg gehe, dadurch Vertrauen wächst?

Wenn ich Leute trainiere, wächst eine Beziehung. Ich lerne sie gut kennen, sie lernen mich kennen. Wir haben Zeit, darüber zu reden. Die Brücke wird gebaut. Sie spüren, dass ich sie fördern will, mich in sie investiere. Sie wissen genauso wie ich, dass mich das etwas kostet, wenn ich in sie investiere, damit sie sich weiterentwickeln. Das ist eine Grundlage für Vertrauen. Es ist keine Garantie, dass es wirklich passiert, aber die Möglichkeit ist da.

Unterstützender Führungsstil = Fördern

Unterstützen ● Gemeinsam Ziele festlegen ● Begrenzte Verantwortung und Autorität ● Beobachten ● Gemeinsam auswerten ● Lob bzw. Tadel ● Mitarbeiter findet eigenen Stil	**Trainieren** * Klares Ziel * Fragen: erklären warum * Beobachten * Auswertung mit Mitarbeitern * Lob bzw. Tadel
Delegieren ● Mitarbeiter legt Ziel fest, Vorgesetzter ergänzt ● Übertragung von Verantwortung und Autorität ● Beobachten ● Gespräch (nicht zur Kontrolle, sondern Information) ● Lob bzw. Tadel	**Lenken** * Klares Ziel * Demonstration * Beobachten * Lob bzw. Tadel

Direktiver Führungsstil = Fordern

(Quelle: P. Hersey / K.H. Blanchard, Management of organizational behavior: Utilizing human resources, Englewood Cliffs, NJ (Prentice-Hall) 1977)

- ➔ Die Frage lautet: Wie viel Zeit bin ich bereit, für Training und Unterstützung zu investieren?
- ➔ Das Delegieren geschieht Schritt für Schritt; es ist eine interaktive Sache, individuell und vom Reifegrad des Mitarbeiters abhängig.

Jetzt gehen wir einfach mal die verschiedenen Führungsstile durch. Dabei zeigt sich, wo wir hinwollen. Man muss es immer für sich persönlich übersetzen, wie es in der Praxis funktioniert.

Aspekte des *Lenkens:* Wenn ich lenke, also jemand auf einfachste Art und Weise führe, dann gebe ich ein klares Ziel vor. Ich sage, was geschehen muss. Das Ziel ist messbar. Das Ergebnis ist ein kleines Ziel.

Um das zu veranschaulichen, ist es ratsam, eine kleine Demonstration in den Vorgehensplan einzubauen: Man sollte einmal vormachen, wie es geht. Das vergessen zwar viele, aber ich kann nicht davon ausgehen, dass die anderen verstehen, was ich meine, wenn ich ihnen nur ein klares Ziel gebe. Ich muss einmal demonstrieren, wie ich es gerne hätte. Wenn ich jemanden im Verkauf ausbilde, dann muss ich ihn mitnehmen und muss ihm demonstrieren, wie ich verkaufe und wie ich das gerne hätte, wie ich mich vorbereite, wie ich eine Sache anpacke, wie ich auftrete, wie ich mich nachbereite. Sonst hat er es nicht verstanden. Ein klares Ziel sowie die Demonstration sind also entscheidend. Nach der Ausführung gibt es dann entweder Lob oder Tadel – so einfach ist das; und es ist auch so einfach gedacht. Zwischen der Demonstration und dem Aussprechen von Lob und Tadel muss ich persönlich gut beobachten.

Was verstehen wir unter *Training?* Ich gebe ein klares Ziel, was der andere machen soll und ich beantworte Fragen und erkläre warum. Beim Lenken erkläre ich gar nichts. Ich demonstriere, wie es geht und der andere macht es. Beim Training sage ich ihm, was gemacht werden muss, und ich erkläre ihm, warum wir das machen. Hier brauche ich nicht mehr zu demonstrieren, das hat er schon hinter sich, er weiß schon, wie es geht. Ich beobachte und werte mit dem Mitarbeiter aus, wie es gewesen ist. Er lernt so, sich selbst zu beobachten. *Ziel des Trainings sind stets zwei Dinge: Ich steigere das Selbstbewusstsein und die Selbstverantwortung.* Selbstbewusstsein heißt, der Mann ist sich bewusst, wie er in diesem Job, in dieser Aufgabe funktioniert. Er kann sich ein Stück weit beurteilen, er kennt seine Stärken und seine Schwächen, er kann es verstehen und damit arbeiten; das ist Selbstbewusstsein. Wenn jemand Selbstbewusstsein entwickelt hat, kann er richtig Leistung bringen. Wenn er kein Selbstbewusstsein hat, wird er immer erst einmal versuchen, es zu bekommen, und er unternimmt mancherlei „wilde" Aktionen, die gar nicht der Sache dienen und liegt völlig daneben, übertreibt oder untertreibt, weil er sich selbst nicht einschätzen kann.

Ein sehr gutes Buch zu diesem Thema hat der Sporttrainer John Witmore geschrieben: „Coaching für die Praxis“ (Frankfurt 1994, Campus).

Früher wurden die Leute beim Tennis nach einem festen Schema trainiert. Es wurde gesagt: Es gibt einen perfekten Schlag, eine perfekte Technik und der Schüler sollte lernen, diese perfekte Technik zu beherrschen. Er musste sich so hinstellen, den Ball am höchsten Punkt treffen, seinen Oberkörper mitbewegen. Sie haben den Leuten das bis zum Umfallen beigebracht, bis sie verstanden haben, dass die Leute überhaupt nicht mehr weiterkamen und manche sogar krank wurden, weil sie diese perfekte Technik nicht hinbekamen. Sie haben dann überlegt: Macht das Sinn? So gab es eine Wende im Sporttraining Ende der 80er Jahre. Nun wurde gesagt, man müsse niemandem die perfekte Technik beibringen, sondern ihm ein Körpergefühl vermitteln, damit er ein Gespür dafür bekommt, wie sein Körper effektiv zum Ball steht, auch wenn das chaotisch aussieht.

Wenn es dann „sein Ding“ ist, wenn er also die effektivste Technik für sich entdeckt hat, muss der Spieler das dann bis zur Perfektion trainieren. Er muss nicht eine Technik, die wir als die Toptechnik ansehen, beherrschen. Das war damals völlig revolutionär im Denken und im Training, denn bis dahin war man immer auf eine klar definierte Technik aus.

Beim Skifahren war es genauso. Es war perfekt definiert, wie man die Hüfte schwingen musste. Manche Skifahrer haben Verwachsungen und Probleme an den Hüften bekommen, weil sie versucht haben, es nach dem System zu machen – und nicht bedacht haben, dass jeder Mensch anders ist.

Der große Schlüssel für Topleistungen ist Selbstbewusstsein. Jeder Mensch muss lernen, wie sein Körper optimal funktioniert, optimal in Bewegung kommt und optimal Widerstände überwindet. Das muss ich jedem Mitarbeiter beibringen.

Früher gab es Rhetoriktraining, da wurde einem beigebracht, was rhetorisch gut ist. Die Leute sagten dann immer Dinge wie „Guten Tag“, „Herzlichen Dank, dass ich hier sein kann“ etc., und dann stellten sie sich korrekt hin, eben wie ein perfekter Rhetoriker. Irgendwann hat man festgestellt, dass keiner ihnen glaubte. Jeder spürte: Da ist etwas nicht in Ordnung. Die Mitarbeiter hatten die perfekte Technik, perfekt durchdacht – also, wenn ich hochschaue, bin ich aufgeregt, wenn ich runterschaue, habe ich eine Frage, aber man stellt fest: Jeder bekommt eine Gänsehaut, jeder geht auf Abstand.

Die ganze Methode war entwickelt, um Kontakt aufzubauen, doch genau das Umgekehrte passierte. Warum? Man hatte sich einem System verpflichtet, das zu funktionieren hatte.

Harry Holzhoi ist ein interessanter Mann und ein bekannter Rhetoriktrainer. Als einer der ältesten Rhetoriktrainer (mit über 70 Jahren) denkt er sehr modern. Er hat schon vor ca. 10 Jahren gesagt: „Leute, wir müssen aufhören, das geht in die falsche Richtung; die Leute müssen ihren eigenen Stil entdecken. Wie sie sind, so sollen sie sein. Lehre die Leute, Selbstbewusstsein zu entwickeln und sich ihrer Stärken und Schwächen und Unmöglichkeiten bewusst zu werden; lehre sie, dorthin zu gelangen und zu bleiben."

Und dann sagt er: 90 % deines Erfolges basiert auf deiner Persönlichkeit (bzw. auf der Kunst, du selbst zu sein) und 10 % davon ist Technik; Technik ist sicher nicht von Nachteil, aber wenn du es umkehrst, 90 % Technik und 10 % Persönlichkeit, dann will keiner mehr etwas mit dir zu tun haben.

Worum geht es also beim Training? Jemandem beizubringen, so zu sein wie er ist und sich darin entspannen, daran arbeiten, seinen Stil, seine Leistung zu finden dann auch noch etwas Technik.

Allerdings gilt es zu beachten, dass Selbstbewusstsein allein nicht ausreicht. Wenn jemand eine sehr selbstbewusste „Schweinebacke" ist, muss er auch in Sachen *Selbstverantwortung* ausgebildet werden. Jeder hat die Freiheit zu wählen, und er wählt, was ihn und andere weiterbringt. Er ist bereit zu dienen. Dienstleistung heißt, meine Leistung zu bringen und zu dienen, das Wohl des anderen zu suchen. Beim Training gebe ich also ein Ziel vor, was gemacht werden muss. Es muss gearbeitet werden, aber ich will, dass der Mitarbeiter auch versteht, worum es geht, und dass er seinen Weg darin findet. Ich beobachte ihn und werte mit ihm aus, wie es gelaufen ist. Dadurch lernt er selber auch, über sich selbst nachzudenken und eigene Entscheidungen zu treffen.

Angenommen, ich wäre ein Trainer, der jemanden hart trainiert. Der Trainer lenkt, d. h., er steht am Fußballfeld an einer Ecke und sagt: „Laufe drei Runden in Höchsttempo, und ich schaue auf die Zeit. Los!" Und der rennt und rennt, sagen wir fünf Minuten. Fünf Minuten sind ganz gut, jetzt schneller, nicht fünf Minuten, sondern viereinhalb Minuten. Das ist ein klares Ziel. Und eine Demonstration. Ich zeige es ihm, laufe los und brauche drei Minuten. Jetzt rennt er wieder, benötigt nur viereinhalb Minuten. „Gut gemacht, Junge! Weiter so!" Das Lob ist hier wichtig. „Laufe noch einmal, versuche es in 4 Minuten", und er schafft es jetzt wieder nur in fünf Minuten, weil er kaputt ist. Das macht nichts. Das war das Training für heute; hier habe ich gelenkt.

Jetzt kommt das Training im Sinne des Ausbildens. Der Trainer stellt sich auf die Ecke und sagt, „O. k., jetzt laufe die Runde dreimal, so schnell du kannst". Er braucht nun fünf Minuten. „Schau', fünf Minuten, das war gut, das kann man auch noch schneller. Um es schneller zu machen, musst du anders laufen. Komm, wir rennen mal zusammen. Schau' bei mir, wie ich das mache", und dann rennen sie zusammen los. „Schau' mal, wenn du die Knie etwas mehr anhebst, machst du automatisch größere Schritte, und dann geht das leichter", und so rennt er neben ihm her, nimmt die Knie etwas höher und sie kommen in weniger als 4 Minuten am Ziel an.

„Warum, denkst du, ist das passiert?" fragt der Trainer. „Hm, du hast so komisch die Knie angezogen, vielleicht deshalb", lautet die Antwort. Und dann erklärt der Trainer ihm, warum das sinnvoll ist und ermutigt ihn, es auf seine Art zu versuchen. Dann werden sie gemeinsam schauen, was dabei herauskommt. Dann rennt er wieder herum und kommt nach 4 Minuten zurück, und der Trainer fragt ihn: „Was war das für ein Gefühl? Wie hast du dich dabei gefühlt? Passte das zu dir? Hat dir das etwas gebracht?" „Ja, es hat mir etwas gebracht." „Gut, jetzt noch einmal." Verstehen Sie den Unterschied zwischen dem Lenken und dem Trainieren? Hier ist Kommunikation, hier ist Austausch, hier ist Erklärung.

Ich habe nicht jeden Tag Zeit dafür. Ich muss mir konkret Zeit dafür nehmen, um mit ihm das auszuwerten. Beim Lenken brauche ich das nicht, das geht relativ schnell, ich beobachte das und fertig.

Beim Trainieren muss ich Zeit investieren in die Ausbildung des anderen. Wird jemand z. B. Verkäufer in meinem Team, gehe ich mit ihm die Ziele durch, und er geht einmal mit. Ich schicke ihn auf ein Seminar. Er erzählt mir, was er gelernt hat. Er geht in den Ausbildungsprozess hinein, und ich investiere Zeit. Dann geht es irgendwann in die zeitintensivste Phase, denn ich fordere und ich fördere. Das ist zeitintensiv. Als Nächstes fordere ich weniger, aber fördere immer noch, aber weniger zeitintensiv.

Unterstützen heißt, ein gemeinsames Ziel festlegen. Ich setze das Ziel nicht alleine fest, ich mache das gemeinsam mit meinem Mitarbeiter; ich frage ihn: „Was hast du für Ziele? Was möchtest du erreichen und wie möchtest du das tun?" Ich erzähle meine Ziele, und er seine. Wie schon besprochen, gibt er drei Ziele an, ich gebe ein Ziel an. Also, gemeinsam Ziele festlegen, dann beobachten und gemeinsam auswerten und auch Wert auf Lob und Tadel legen.

Diese drei Dinge sind absolut wichtig: Ziele definieren, auswerten sowie Lob und Tadel aussprechen. Dies geschieht immer gemeinsam.

Ich möchte meinem Mitarbeiter auch beibringen, sich selbst zu loben und zu tadeln.

Und ich arbeite mit ihm daran, seinen eigenen Stil zu finden. Das mache ich schon beim Training, doch das eigentliche Ziel beim Unterstützen muss stets sein, dass er seinen unverwechselbaren Stil gefunden hat. Wenn er seinen Stil gefunden hat, und er in Eigenregie selbstständig Ziele definieren kann – also in diesem Bereich ein Profi geworden ist – kann ich ihn auch delegieren.

Und solange lasse ich ihn mitlaufen, tausche mich mit ihm aus und lasse ihn diverse Dinge tun, vergebe an ihn Einzelaufgaben. Dann übergebe ich ihm mehr und mehr Verantwortung, lehre ihn, seinen eigenen Stil zu entwickeln, bis er fertig ist und loslegen kann. Kein Mensch macht das exakt nach einer solchen Kurve und berechnet jede Woche, wo er sich gerade in der Kurve befindet. Dies ist nur ein Symbol, dass ich durch diese Phasen hindurchgehen muss. Ich sollte versuchen, so viel wie möglich in diesen oberen Sequenzen zu investieren.

Führen ist eine absolut individualistische Angelegenheit. Jeder Mensch ist anders und braucht folglich eine andere Form der Führung. Was gleich bleibt, ist die Notwendigkeit auszubilden; aber ich kann nur so weit gehen, wie die Mitarbeiter selbst gehen wollen. Es gibt Leute, die brauchen für die gleiche Aufgabe vielleicht ein Jahr, andere wären bei gleichem Tempo und Zeitraum zu Tode gelangweilt, sie wären in drei Wochen fertig.

Inwieweit kann man nun Training delegieren?

Bei meinen direkten Mitarbeitern kann ich das Training sicher nicht delegieren. Ich kann sie zwar auf Ausbildungslehrgänge schicken, aber ich begleite sie dann anschließend und muss das mit ihnen nachreflektieren. Meine direkten Mitarbeiter sind meine Hauptaufgabe. Ich kann ihnen Bücher empfehlen oder sie auf Seminare schicken, aber ich begleite sie durch diesen Prozess hindurch. Das ist die Aufgabe eines Leiters.

Ein Beispiel: Jemand leitet einen Krankenhausbereich. Er hat aber keine Lust, die anderen zu trainieren. „Lass uns doch Supervision machen. Ein Supervisor soll die anderen ausbilden." So heißt es dann häufig.

Wenn ich diesen Bereich an den Supervisor abgebe, dann bauen die Mitarbeiter zum Supervisor Vertrauen auf, und nicht zu mir. Ich kann zwar etwas abgeben an den Supervisor, aber ich bleibe als Führungskraft für den Prozess, für die Mitarbeiter verantwortlich. Wenn ich nicht von Zeit zu Zeit reflektiere, was in der Supervision passiert, wird kein Vertrauen wachsen können.

Delegieren meint: Der Mitarbeiter legt das Ziel fest, allerdings ergänze ich dann auch meist etwas. Ich bitte ihn darum, die Jahresziele für dieses Jahr zu formulieren. Er soll das vorbereiten, soll es klar vorher durchdenken und auch aufschreiben. Er ist jetzt Hauptverantwortlicher für den ganzen Bereich, aber ich behalte das Recht und die Verantwortung, die Ziele noch zu ergänzen, denn, und das ist ganz wichtig, das heißt nicht, dass ich ihn nicht mehr fördere, nichts mehr mit ihm am Hut habe. Ich bleibe auch fernerhin verantwortlich für ihn. Delegieren heißt nicht, ich bin den Mann los, sondern ich bleibe für ihn verantwortlich, sogar für das Endergebnis bleibe ich verantwortlich. Ich habe ihn so ausgebildet, dass er frei arbeiten kann, selbstverantwortlich, mit einem gesunden Selbstbewusstsein.

Der Mitarbeiter legt Ziele fest, ich ergänze. Beim Delegieren habe ich ihm die ganze Autorität für den Job gegeben, dann darf er selbst entscheiden. Beim Unterstützen gewöhnt er sich an Autorität und Verantwortung, damit er beim Delegieren entspannt damit umgehen kann. Was nicht der Fall ist, wenn ich jemanden immer lenke, ohne ihn auszubilden und die Autorität sowie die Verantwortung zu erhöhen. Der Mitarbeiter legt Ziele fest, ich ergänze, übertrage Verantwortung und Autorität, ich beobachte und es gibt Lob bzw. Tadel, ich bleibe im Gespräch. Das Gespräch ist hier jetzt weniger ein Kontrollgespräch als ein Gespräch, das mir hilft, um auf dem Laufenden zu bleiben.

Dies war Theorie. Was mache ich, wenn ich nun 20 Mitarbeiter führen soll?

Fangen Sie mit ein bis drei Personen an, denn Sie können nicht alle Mitarbeiter gleichzeitig durch solche Prozesse führen. Das ist unrealistisch. Sie müssen Ihre eigene Arbeit machen, eine eigene Strategie entwickeln. Sie sollten das ganze Team zusammenhalten, organisieren, planen, Konflikte lösen.

Sie sind vielleicht sehr eingespannt, daher fangen Sie einfach mit ein bis drei Personen an.

„Dies sind potentielle Leute, die ich weiterentwickeln kann. Sie wollen das, und ich trainiere sie jetzt. Ich will Zeit investieren, nicht übermäßig viel, aber ich werde sie beobachten, werde aufschreiben, was sie für Stärken haben. In sie investiere ich. Ich möchte dadurch Säulen aufbauen, damit meine Verantwortung auf einer breiteren Basis steht."

Ein Problempunkt bleibt: Wie schneidet man alte Zöpfe ab? Was mache ich mit Dingen, die sich über Jahre hinweg eingeschlichen haben, die in falschen Kompetenzbereichen gelandet sind, wo Zuständigkeiten einfach in falsche Hände gelangten?

Irgendwann kommt man zu dem Entschluss, dass man den Kompetenzbereich demjenigen wieder absprechen möchte. Das ist für ihn sicher schwierig, weil er nie richtig den Auftrag bekommen hat, das zu tun, was er aber de facto über Jahre hinweg gemacht hat.

Der einzige Weg, das vernünftig zu klären, ist erst einmal, eine Strategie zu entwickeln. Wo wollen wir insgesamt hin? Wenn die Strategie aufzeigt, dass der Mitarbeiter etwas abgeben muss, dann entwickeln wir eine neue Organisation, die das klärt. Dann kann ich ihm auf Grund der Strategie erklären, warum er diesen Bereich abgeben muss, da wir uns entschieden haben, in diese konkrete Richtung zu gehen. Daran müssen wir dann konsequent arbeiten.

Oder wir entscheiden uns, in diesem Jahr das Thema Kundenarbeit ganz hochzufahren. Das bedeutet, bestimmte andere Aufgaben liegen zu lassen. Und wir nehmen ihm die Aufgaben nicht einfach weg, ohne ihm zu erklären, warum er sie aufgeben muss. Ohne Sicht für eine Vision, wenn er nur etwas aufgeben muss, weil Sie es sagen, wird er allergisch reagieren, und das wäre auch verständlich – und menschlich. Sie müssen ihm das Warum erklären. Also, erst eine klare Vision entwickeln, dann strategische Ziele für das Jahr festlegen und auf Grund dessen die Struktur definieren.

Wenn dann ein Zopf abgeschnitten werden muss, kann man das auch erklären.

Zurück zum Delegieren: Ich möchte Sie motivieren, mit ein bis drei Mitarbeitern anzufangen und sie auszubilden. Sie bauen Ihre Nachfolger, Assistenten oder Partner auf, und das ist die Mühe wert. Es ist wirkliche Arbeit, aber ich muss erst Zeit investieren, damit ich Zeit gewinnen kann.

Haben Sie schon einmal vom Paretoprinzip gehört?

Es besagt: Mit 20 % Ihrer Zeit erzielen Sie 80 % der Ergebnisse, d.h. 80 % Ihrer Zeit fließen in die restlichen 20 % Ihrer Ergebnisse. Das Gleiche kann man auch über Fähigkeiten sagen: Wenn ich 20 % meiner Zeit mit eigenen Kernkompetenzen beschäftigt bin, dann ergibt das 80 % Ergebnis, aber auch 80 bis 100 % Motivation.

In welchem Bereich meiner Zeit sollte ich sparen, also Zeit wegnehmen? Natürlich von den 80 %. Wenn ich hier ein Stück Zeit stehle, um meine Mitarbeiter besser auszubilden, lohnt sich das sicher. Ich klaue von der Zeit für Aufgaben, die nicht so wesentlich sind, dann transformiere ich diese Zeit zu wirklich wichtiger Zeit, der Zeit von Ausbildung und Begleitung meiner Mitarbeiter. Das kommt dann letztendlich diesen 80 % zugute, aber ich muss zunächst Zeit von meiner jetzt verfügbaren Zeit nehmen, das ist wichtig.

Es gibt folgende Regel: *Zeit ist Geld, und das Geld ist alle*. Vielleicht haben Sie das schon einmal gemerkt: Als Sie Student waren, hatten sie 1000 DM im Monat, das war immer schnell alle. Dann waren Sie fertig mit dem Studium und hatten 2000 DM zur Verfügung – das war wieder alle. Sie hatten eine Lohnerhöhung bekommen, 2500 DM – wieder alles weg. Das geht das ganze Leben lang so weiter. Und das ist eine traurige Angelegenheit. Geld ist immer alle. Es sei denn, ich setze das Messer an und mache einen Schnitt.

Wenn ich Geld habe, gebe ich es aus. Ich baue meinen ganzen Lebensstandard immer mit auf. Ich erlaube Strukturen, die immer mehr Geld kosten, weil meine Ansprüche steigen. Geld ist immer alle, bis ich „Stopp“ sage. Ich mache einen Schnitt. Ich kann nur sparen und ein Vermögen aufbauen, wenn ich stopp sage, wenn ich sage: „Jetzt ist Schluss! Ich gehe jetzt mit dem Lebensstandard etwas herunter und richte einen Dauerauftrag ein für 500 DM im Monat, am besten auf ein Sparbuch, an das ich nicht mehr dran kann." Das Geld ist wieder alle, aber auf einmal kann ich sparen. Es schmerzt, weil ich das Messer ansetzen muss. Das Geld ist immer alle. Wenn Sie sich immer nur damit trösten, dass Sie sparen werden, wenn Sie genug verdienen, dann werden Sie nie sparen.

Mit der Zeit verhält es sich genauso. Wenn Sie sagen: „Wenn ich mehr Zeit habe, dann werde ich das und das machen", werden Sie nie anfangen. Ihre Zeit ist immer „alle". Deswegen müssen Sie irgendwo das Messer ansetzen, aber nicht bei den 20 %, in denen Sie die wichtigsten Dinge erledigen, sondern bei den Routineaufgaben und dem Drumherum.

Sparen meint eigentlich investieren, aber dafür muss ich erst das Messer ansetzen.

Wenn ich Zeit gewinnen will, brauche ich selbstständigere Mitarbeiter, die weniger Quatsch machen, weniger Konflikte produzieren, die mit mehr Spaß arbeiten.

Um das zu erreichen, muss ich Zeit investieren, und die Zeit muss ich mir irgendwo erübrigen. Die kann mir niemand geben. Ich habe nur meine eigene Zeit.

Also: Nur wenn man radikal das Messer ansetzt und mit dem Sparen beginnt, kann sich etwas zum Positiven wenden!

Das ist wie bei einer Tagesplanung. Ich kann den ganzen Tag völlig verplanen. Ich könnte mich auch am Morgen hinsetzen und mir aufschreiben, was ich den ganzen Tag machen muss. Das würde enorm helfen, aber niemand wird es für mich machen, deswegen ist Zeitmanagement wichtig für Führungskräfte.

Ein weiser Umgang mit Zeit und Geld, ein effizienter Gebrauch der uns von Gott anvertrauten Ressourcen beim „Stundenkonto" und beim persönlichen „€-Budgeting" sind wichtig. Weil in beiden Bereichen „alles schnell alle" geht, ist die Konzentration auf das Wesentliche, die Fokussierung auf die 20 % angesagt (s.o. das Paretoprinzip). Nicht alles machen, aber das Wichtige richtig tun.

4. Kommunikation

Im Team kommunizieren

Ich habe schon ein paar Dinge über das Team gesagt und will auch nur grundsätzlich im Blick auf die Teamkommunikation noch einiges ergänzen. Mit meinem Team verbindet mich schon eine jahrelange Zusammenarbeit. Da gibt es verständlicherweise auch mal Stress.

Wie bekommen wir das geregelt, wie gehen wir in eine gute Richtung? Ich mache jetzt einen Vorschlag zu einer Jahresteamklausur. Wie könnte das aussehen? Insgesamt bin ich dafür verantwortlich, dass unsere Organisation läuft, ich habe zu planen, zu organisieren. Ich würde es aber gerne mit meinem Team gemeinsam tun und sie mit einbeziehen, ihnen Informationen weitergeben und die Brücke des Vertrauens weiter ausbauen. Zur Förderung der Kommunikation kann übrigens eine Jahresteamklausur sehr beitragen.

1. Rückblick: Ich nehme ein Flipchart – oder besser: eine Pinnwand bzw. Metaplanwand. Da kann man etwas draufpinnen, Kärtchen oder Zettel anheften – und man kann auch darauf schreiben. Auf dem Papier mache ich dann z. B. einen Strich. Ich sage, 2001 – positiv und 2001 – negativ. Jetzt mache ich einen Rückblick. Ich nehme ein Kärtchen oder ein Stück Papier, und jeder schreibt jetzt die ihm bewussten Stärken des Jahres 2001 auf, und zwar jeweils ein Aspekt auf ein Kärtchen, also pro Punkt ein Kärtchen.

Warum ist es wichtig, dass jeder beteiligt wird?

Wenn ich mich hinsetze und eine Diskussion initiiere, dann werden bestimmte Leute durch ihre Stimmgewalt und Redegewandtheit die Richtung bestimmen. Das will ich vermeiden. Ich will eine Übersicht bekommen über alle Gedanken, und zwar über die positiven. Jeder schreibt die Stärken auf. Welche Ziele haben wir erreicht? Was hat gut geklappt? Was war gut im Team? Diese Kärtchen werden angepinnt, sortiert und erklärt. Das heißt, jeder einzelne kommt nach vorne mit seinen etwa vier, fünf Kärtchen, pinnt sie an und erläutert sie. Dann kommt der Nächste: Das ist gut gelaufen, hier haben wir ein Ziel erreicht, da einen Kunden gewonnen, dort lief ein Projekt wirklich toll. Jeder ist hier gefragt. Dann hat man eine Menge Kärtchen, die nach Gruppen sortiert werden.

Einige tauchen immer wieder auf, da merkt man: Das ist echt gut gelaufen. Das war der erste Schritt, der Rückblick über Stärken.

Das Gleiche geschieht anschließend mit dem, was schwierig war und nicht so gelungen ist; man sollte nicht so direkt von Schwächen reden, sondern von dem, was schwierig war.

Auch hier werden Kärtchen angepinnt, erklärt und sortiert, und zwar auf der rechten Seite. Jetzt haben wir die schönen und die schweren Seiten des vergangenen Jahres, die Stärken und Schwächen, als Team zusammengefasst.

Gut – 2001	**Schwierig – 2001**

Rückblick: 2001

2. *Der Ausblick.* Ich nehme die Rückseite der Pinnwand und ziehe wieder einen Strich in der Mitte: die eine Spalte für Verbesserungsvorschläge, die andere für Ziele im neuen Jahr. Gleiches System: Jeder schreibt zwei bis drei Verbesserungsvorschläge auf, die wir wieder anpinnen, erklären, sortieren. Jetzt allerdings kommt eine Diskussion, und zwar darüber, was Priorität hat. Die gleichen Aspekte kommen zusammen. Vielleicht gibt es einen Verbesserungsvorschlag, den haben fünf Leute genannt; der hat wahrscheinlich eine gewisse Priorität.

Wenn die Priorität festgelegt ist, dann müssen wir gemeinsam fünf bis sieben Ziele formulieren. Das heißt, aus den Verbesserungsvorschlägen heraus kann ich jetzt Ziele formulieren. Ein Verbesserungsvorschlag lautet vielleicht: Wir müssen kundenfreundlicher werden. Das ist ein guter Verbesserungsvorschlag; aber wie kann ich daraus ein Ziel formulieren, das messbar sein muss in Sachen Zeit, Ergebnis, €, Verantwortung? Es sollten nicht zu viele sein: fünf bis sieben, die akzeptabel bzw. realistisch erscheinen und zur Firma passen.

Sie sind der Teamleiter und es geht nicht automatisch so, dass sich alles einfach von selbst entwickelt, sondern Sie führen da hindurch. Da mag es manche Diskussion geben, an der Sie unbedingt beteiligt sein sollten, denn sie sind hier nicht nur der Moderator.

Als Teamleiter avancieren Sie auch zum Leiter der Diskussion.

Sie wollen ja, dass die Leute mitdenken und Vorschläge machen. Es ist interessant: Wenn Sie diese Schritte gehen, fangen Sie positiv an, sammeln Sie aber auch Schwachpunkte und lassen dann die Schwachpunkte in Verbesserungsvorschläge umwandeln. Etwas Positives zwingt Sie dann, daraus Ziele zu schmieden; so sind Sie veranlasst, realistisch zu werden und das Ganze Gestalt annehmen zu lassen.

Der Weg dorthin ist auch schon ein bisschen reinigend in sich. Die wildesten und chaotischsten Ideen halten das Zieleformulieren nicht durch.

Verbesserungsvorschläge	**Ziele 2002**
	1. 2. 3. 4. 5. 6. 7.

Ausblick: 2002

3. Aktionspläne erstellen: Jedes Ziel ist ein Aktionsplan.

Was verstehe ich unter einem Aktionsplan? Sie nehmen am besten ein Flipchart oder ein größeres Papier, malen einen Kreis darauf und sagen sich: „Hier ist Ziel Nr. 1 für das kommende Jahr“. Wir reden ja über konkrete Dinge.

Ein Beispiel: Wenn ich ein Kundendienstkonzept entwickle und mit der Umsetzung beginnen will, muss dieser Prozess konkret messbar sein. Bis zur Jahreshälfte sollte ein Konzept stehen – und bis zum Jahresende muss es funktionieren. Das ist ein gutes Ziel. Wie funktioniert das jetzt? Was müssen wir alles tun? Welche Schritte sind notwendig?

Vielleicht sagt man sich, dass man zuerst eine Analyse erstellen muss, danach eine Übersicht über alle Kunden.

Wir befragen unsere Kunden, was sie eigentlich wollen. Dann müssen wir die ganze Sache auswerten und ein Konzept schreiben. Das Team sollte das Konzept vielleicht noch einmal kontrollieren. Dann müssen wir ein Budget erstellen, was das kosten wird, und es gemeinsam verabschieden. Danach machen wir eine Probe und steigen ein, bis das Konzept realistisch umgesetzt ist.

Es gibt ein V, ein Z und ein €-Zeichen, das heißt, hinter jedem Schritt muss jetzt ein Name stehen von den Leuten, die dafür verantwortlich sind, denn ein Ziel ohne Namen macht keinen Sinn.

Wenn die Verantwortlichen geklärt sind, erstellen wir eine Übersicht; die können wir vielleicht gleichzeitig anfertigen. Befragung der Kunden erfolgt bis Mai, dann die Auswertung im Monat Juni. Nur die Monate festlegen, nicht auf den Tag genau, doch zumindest auf den Monat. Dann kommt dahinter: Was kostet das? Die Analyse kostet erstmal nichts, doch bei der

Ziel 1:	**V**	**Z**	**€**
Gesamt:			

V = Verantwortung
Z = Zeit
€ = Kosten

Aktionsplan

Befragung der Kunden müssen wir herumfahren, das beläuft sich auf ca. 1.500 €. Ein anderer Posten schlägt dann noch mit 1.000 € zu Buche, zum Schluss kommt ein Strich darunter.

Jetzt kommt die Frage: Wer ist hauptverantwortlich? Sibylle! Wann ist das fertig? Im Dezember. Was kostet das? 5.000 €. Das ist ein Aktionsplan.

Über den Hauptverantwortlichen entscheidet man zum Schluss. Wir sagen immer, es muss einen Projektleiter geben und einen Projektassistenten. Teamarbeit mit zwei Leuten ist das Effektivste, was es gibt; mit drei, das Kreativste, aber es ist lange nicht so effektiv wie mit zweien. Man kann telefonieren, schnell Dinge absprechen und klären, sehr effektiv arbeiten. Wenn eine weitere Person dazukommt, wird es gleich komplizierter.

Warum? Sind Sie schon einmal mit drei Leuten in den Urlaub gefahren? Überlegen Sie einmal, wie das war. Es ist viel schwieriger als mit zweien oder vieren, denn immer fühlt sich einer nicht ganz ernstgenommen. Andererseits kann man mit dreien kreativer sein, mehr Ideen austauschen.

Für ein Projekt sind zwei genug, auf jeden Fall zwei, die dafür verantwortlich sind, der Leiter und der Assistent.

Wenn der Leiter ausfällt, dann weiß der Assistent alles. Ich mache nie nur einen Menschen für ein Projekt verantwortlich, denn wenn er nicht kann, dann läuft gar nichts mehr.

Also stets zu zweit arbeiten! Vielleicht haben sie mehrere Leute, die mitarbeiten. Das können sie selber regeln, ob sie noch andere dazunehmen und gemeinsam arbeiten, aber zwei Leute stecken den Kopf in die Schlinge. Das ist ein Aktionsplan.

Zu den Kosten: Wieviel Zeit kostet eine Klausurtagung?

Realistisch sind zweimal drei bis vier Stunden. Sie brauchen einmal für den Rückblick und für den Ausblick Zeit, und dann brauchen alle erstmal eine Pause.

Am nächsten Tag oder am Ende der Woche kommt man wieder zusammen, und dann arbeiten Sie die Ziele aus, die Sie entwickelt haben.

So haben Sie zwischendurch Zeit, darüber nachzudenken. Was gewinnen wir hiermit? Wir gewinnen dadurch, dass wir aufgrund der bestehenden Situation, in der wir heute sind, auf eine relativ nüchterne Art und Weise eine Analyse machen, wo wir stehen.

Das muss so nüchtern wie möglich erfolgen. Denn es ist ganz schwierig, wenn Sie ein Team emotional aufladen. Also: so sachlich wie möglich bleiben, eine klare Struktur vorgeben, wie Sie diese Zeit zu gestalten denken; und erklären Sie von vornherein, was Sie erreichen wollen und auch, dass das nicht die Lösung aller Probleme und Fragen ist, sondern nur eine Bestandsaufnahme. Machen Sie es nicht gleich mit 20 Leuten; ideal sind fünf bis sieben Personen.

Das ist eine Übung, die man sehr leicht mit ein paar Leuten durchführen kann, aber man kann es auch mit 40–50 Personen versuchen. Aber fangen Sie mit einer kleinen Gruppe an. Es ist ja nicht nur eine Übung, das ist ja nicht Sinn der Sache.

Es gab eine Untersuchung von Prof. Weismann. Er hat in Deutschland mittelständische Unternehmen bis zu einer Größe von 1000 Mitarbeitern analysiert. Dabei stellte sich heraus, dass es drei Sorten von Unternehmen gab, die mit folgenden Prozentsätzen verbunden waren: 3 %, 12 % und 85 %.

85 % der Unternehmen hatten keine klaren Ziele. Sie hatten zwar vage Ziele, wie: Wir wollen mehr Umsatz machen, oder wie: Wir wollen überleben. Sie kannten aber keine klaren, messbaren Ziele, das also, was wir hier mit dem Begriff Ziel verbinden.

Diese Leute bestimmten den durchschnittlichen Gewinn, und den erzielten sie auch.

Dann gab es eine kleine Gruppe von 12 %. Sie hatten klare Jahresziele, und allen Mitarbeitern war das bekannt. Sie hatten klare Siebenjahresziele: Da wollen wir hin! Auch diese Ziele waren allen Mitarbeitern bekannt. Ich weiß nicht, ob sie die gemeinsam erarbeitet hatten, auf alle Fälle waren sie allen bekannt. Diese Leute hatten im Vergleich zum Durchschnitt ein Plus von 46 %. Es ist interessant: Sie hatten nicht mehr Umsatz, sie hatten mehr Gewinn.

Es wurden die gleichen Branchen miteinander verglichen, also Sanitärfachleute mit Sanitärfachleuten. Sie waren offensichtlich mit ihren Ressourcen, mit ihrem Geld, mit den Menschen, mit ihrer Zeit. 46 % Gewinn sprechen eine deutliche Sprache.

Schließlich gab es die kleine Gruppe von 3 %, die hatten klare Jahresziele, die allen Mitarbeitern bekannt waren. Aber sie hatten zusätzlich noch Aktionspläne entwickelt.

Was ist notwendig? Wer macht was bis wann? Was kostet das? Diese Leute hatten ein Plus von 100 % gegenüber dem Durchschnitt. Das ist zunächst nur eine Summe Geld – und Geld macht nicht glücklich, aber sich kaputtarbeiten für nichts, das macht auch nicht gerade glücklich.

Früher war ich sehr gegen Gewinnoptimierung. Als Student hatte das Wort Gewinnoptimierung eine negative Wirkung auf mich („fiese Kapitalisten"), heute verstehe ich: Wenn ich meine Gewinne nicht optimiere, kann ich mich nie verbessern und weiterentwickeln. Ich muss Gewinne erzielen, um zu investieren und weiterzukommen. Deswegen muss es eine wichtige Aufgabe des Unternehmens sein, Gewinne zu optimieren im Sinne eines besseren, effektiveren Einsatzes von Zeit, Geld und Möglichkeiten.

Allerdings nicht im Sinne von Kundendienst oder auf Kosten der Mitarbeiter.

Es geht um eine langfristige Planung. Ich kann meine Mitarbeiter auspressen, um meinen Gewinn zu optimieren, aber dann werde ich langfristig meine Mitarbeiter verlieren.

Das macht keinen Sinn.

Führen heißt, zielgerichtet zu planen, also auch gewinnorientiert zu arbeiten.

Wenn ich mir also mehr Zeit für die Analyse nehme, kann ich einen besseren Plan erstellen, um ein besseres Ergebnis zu erzielen. Mein Vorschlag hinsichtlich der Klausurtagungen ist eine Möglichkeit, um das zu machen. Es ist kein Ersatz für eine Unternehmensberatung oder Supervision. Es ist eine Self-made-Aktion. Wenn Sie nicht selbst anfangen, wird es nie Ihr eigenes Ding.

Wenn Sie jemanden von außen holen, der alles für Sie regeln soll, dann muss es schon jemand sein, der Sie in diesen Prozess mit hineinnimmt. Wenn sie dagegen jemanden anheuern, der alles untersucht und dann ein dickes Buch schreibt, was man alles besser machen könnte, fühlt sich niemand verpflichtet, die Vorschläge auch umzusetzen.

Ich kenne viele Firmen, die viele dicke Bücher haben, aber es ändert sich nichts. Die Führungskraft selbst muss durch diesen Prozess hindurchgehen, am besten mit ihren Leuten.

Jetzt kann man natürlich jemanden holen, der einem bei der Moderation hilft. Das tun wir z. B. auch. Wir gehen zu den Unternehmen, führen eine Moderation durch und investieren mehr Zeit als zweimal vier Stunden. Das kann sich aber nicht jeder Abteilungsleiter erlauben.

Deshalb fangen Sie einfach an und bleiben auf einem Lernweg. Das geht zwar langsamer, aber die Lernerfahrung, die Sie und Ihr Team dabei machen, ist unbezahlbar. Vielleicht ist es nicht so effektiv, aber ich würde es immer erst selbst machen, um die Erfahrung zu bekommen. Sie können immer noch jemanden dazuholen. Bedenken Sie aber, dass es unterschiedliche Menschen gibt. Sie werden unterschiedliche Menschen haben in Ihrem Team.

Ich spreche von einer Jahresteamklausur. Wenn ich eine solche durchführe, ist es ganz leicht, eine Teamkommunikationsstruktur aufzubauen. Einmal pro Jahr habe ich eine Klausurtagung, zusätzlich brauche ich mindestens viermal pro Jahr sogenannte Kontrollmeetings, in denen ich sämtliche Aktionspläne vorlege und den Projektleitern erkläre, in denen wir in der Planung sind und was neu abgestimmt werden muss.

Bei den *vier Kontrollmeetings* kann man sich austauschen, koordinieren, neue Ideen entwickeln. Manches wird ergänzt, manches erledigt sich fast von alleine.

Wir haben also einmal pro Jahr eine Klausur, viermal pro Jahr Kontrollmeetings und achtmal pro Jahr ein aktuelles Meeting.

Außerdem sollte man zweimal pro Jahr ein „Spaßmeeting" haben. Das kann ein Betriebsausflug sein oder auch etwas ganz anderes. Hauptsache, die Unternehmung macht Spaß. Wenn der Spaßfaktor dabei stimmt, haben Sie das Richtige getan.

Da sollte man wirklich Zeit investieren und gut auf das Jahr aufteilen. Es darf nicht nur Arbeit geben, man muss auch gemeinsam Spaß haben. Manche Leute machen das so selten, dass sie bei den wenigen Gelegenheiten, die geboten werden, über die Stränge schlagen. Es darf also auch häufiger sein, aber zweimal pro Jahr sollte das Minimum sein.

Damit habe ich eine lebbare Meetingkultur. Es gab eine Untersuchung über Meetings in Deutschland: 80 % aller Führungskräfte dieser Untersuchung haben gesagt, dass 50 % aller Meetings in den letzten drei Jahren absolut sinnlos waren. Das ist teuer. Die gleichen Leute haben gesagt, 85 % aller Meetings in den letzten drei Jahren seien miserabel vorbereitet gewesen. (Quelle: „Wirtschaftswoche", Januar 2000)

Die Lösung ist nicht mehr, sondern bessere Kommunikation.

Aber fangen Sie nicht mit allem gleichzeitig an. Realisieren Sie, was Ihnen im Moment am Wichtigsten ist. Und treffen Sie eine Entscheidung, welche von diesen Punkten Sie trainieren und sich zu Eigen machen wollen. Ich würde hier raten, das in den nächsten Tagen gleich zu machen.

Entscheiden Sie sich für eine Sache. Der Alltag kommt. Wenn man sich nicht relativ schnell entscheidet, wird das eine wackelige Angelegenheit.

Mitarbeitergespräche führen

Auch hier möchte ich wieder so einfach wie möglich bleiben und nur ein paar Ideen weitergeben.

Was ist ein Mitarbeitergespräch? Die Antwort ist ganz einfach: ein Einzelgespräch.

Ein Mitarbeiter sollte zwei- bis dreimal pro Jahr mit seinem Vorgesetzten reden, ungefähr eineinhalb bis zwei Stunden. Das Thema ist Auswerten und Fördern. Das kann man nicht mit zwei oder drei Leuten auf einmal machen. Und es reicht auch nicht einmal pro Jahr; dann hat man nur so eine Art Übersichtsgespräch, was gelaufen bzw. nicht gelaufen ist.

Früher haben wir gesagt: mindestens viermal pro Jahr, damit die Abstände nicht so groß sind. Aber wir haben gemerkt, wenn man zehn Mitarbeiter hat, ist es fast nicht machbar, es sei denn, Sie sind knallhart zu sich selbst und ziehen das durch.

Also, lieber zwei- bis dreimal pro Jahr, aber mindestens zweimal eine bis eineinhalb Stunden. Die sind schnell vorbei, wenn man mit jemandem zusammensitzt.

Wir haben einmal ein Unternehmen beraten, in dem auch Mitarbeitergespräche geführt wurden. Ein Vorgesetzter hatte gelernt, wie man das macht, doch er hatte nur zwanzig Minuten eingeplant, weil er Angst hatte, er bekomme die Zeit nicht voll. Er saß dann aber ohne Probleme zweieinhalb Stunden mit dem Mitarbeiter zusammen.

Was läuft in einem Mitarbeitergespräch? Wir werten aus, wie es gelaufen ist, erhalten bzw. geben Feedback, und wir lernen daraus. Das Gespräch ist dazu da, den Mitarbeiter zu fördern. Es ist also nicht ein Gespräch, um die Organisation weiterzuentwickeln, sondern es geht darum, den Mitarbeiter zu fördern, dass er sich weiterentwickelt; natürlich im Sinne von Arbeit, es ist kein Persönlichkeitstraining.

Ein Mitarbeitergespräch ist eine Dienstleistung. Ich mache einen Dienst für meinen Mitarbeiter. *Eine Top-Dienstleistung muss professionell vorbereitet, intensiv durchgeführt und kundenorientiert nachgearbeitet werden. Dann rede ich von einer guten Dienstleistung.*

In der Vorbereitung stelle ich mich voll auf diesen Mitarbeiter ein, entwickle eine richtige Haltung zu dieser Person, überlege, was ich brauche, gestalte den Raum usw.

Ich gestalte den Rahmen, und dieser Rahmen ist nicht unwichtig für die Durchführung.

Ich bin ganz und gar für diese Person da, nicht für mich, sondern für den anderen, weil es darum geht, ihn erfolgreich zu machen.

In der Nacharbeit setze ich das Pünktchen auf das i. Ich sorge dafür, dass die Dienstleistung nicht nur gut ist, sondern sehr gut.

Wir gehen die drei Bereiche einmal durch.

Eine professionelle Vorbereitung

Was kann ich in der Vorbereitung tun?

1. Informationen sammeln und lesen. Ich habe schon von meinem Zeitplanbuch erzählt. Da habe ich meine Mitarbeiter eingetragen und ich kann lesen, was ich das letzte Mal mit ihnen besprochen habe, und alles, was ich bis jetzt über sie eingetragen habe. Ich habe nicht alle Gesprächsnotizen der Mitarbeiter dabei, sondern lediglich die letzten ein bis zwei. Den Rest habe ich in einem Ordner oder Schnellhefter, für jede Person lege ich einen an. Wenn ich jemanden länger begleite, kommt dort einiges zusammen. In meinem Zeitplanbuch habe ich nur die letzten zwei Gespräche dabei.

Ich kann nur Infos über meine Mitarbeiter lesen, wenn ich etwas eingetragen habe. Ich muss meine Leute beobachten. Wenn ich Mitarbeitergespräche führe, kläre ich immer ab, dass ich mitschreibe und es hinterher für den anderen kopiere. Das ist eine gute Einstimmung auf das Gespräch – und der andere weiß auch, was wir damals abgesprochen haben.

2. *Der Ort.* Er muss vorbereitet werden, eventuell umgestellt sein, aufgeräumt und ungestört. Warum ungestört? Es ist ungemein respektlos, wenn ich nur eineinhalb Stunden Zeit habe in sechs Monaten und mittendrin das Telefon geht.

Ein Telefonat kostet mich mindestens 10 bis 15 Minuten emotionale Energie. Ich muss es annehmen, sprechen und anschließend verdauen. In dieser Zeit bin ich nicht mehr intensiv dabei; und der andere auch nicht. Wählen Sie einen ungestörten Raum, zur Not gehen Sie in ein Restaurant, in dem Sie nicht erreicht werden können. Wenn es Ihr Arbeitszimmer ist, sorgen Sie dafür, dass es aufgeräumt ist. Unordnung lenkt zu sehr ab, Sie und Ihr Gegenüber.

Ein Mitarbeitergespräch ist eine tolle Gelegenheit, einen Mitarbeiter zu belohnen.

Ich habe schon erwähnt, das Kostbarste, was eine Führungskraft hat, ist ihre Zeit.

Wenn ich meine Zeit investiere, um einen Mitarbeiter weiterzuentwickeln, dann ist das eine tolle Belohnung. Machen Sie es dann aber auch schön und seien Sie großzügig in Sachen Gastfreundschaft.

Ich hatte einmal einen Mentor, der arbeitete bei Jugend mit einer Mission. Es war vor 17/18 Jahren. Wir hatten angefangen, eine Arbeit mit Jugendlichen und Studenten aufzubauen. Er kam alle drei Monate für ein Wochenende, um für uns da zu sein, für Gespräche oder Fragen. Das war super. Er hatte eigentlich wenig Geld, lebte in der Missionsgesellschaft und verdiente fast nichts. Bei einem der ersten Male sagte er, er möchte uns zum Essen einladen. Ich dachte: Er hat doch überhaupt kein Geld, wie will er das denn machen? Ich sagte zu ihm: „Du musst uns nicht einladen. Wir laden dich ein. Du bist ja extra hierher gekommen." „Nein", sagte er, „ich lade euch ein." Und dann sind wir in ein schönes Restaurant gegangen. Wir haben wundervoll gegessen und den ganzen Abend miteinander erzählt. Er hat noch gesagt: „Leute, entspannt euch, ich lade euch ein, genießt es und bestellt, was ihr wollt." Er hatte gerade genug Geld bei sich, um alles zu bezahlen. Es war ihm wichtig, großzügig zu sein. Das ist bei mir hängengeblieben. Das war für mich eine symbolische Handlung.

Also, seien Sie nicht knauserig, wenn Sie Ihre Mitarbeiter zum Essen einladen. Der Ort ist wichtig.

3. Drei Fragen. Nehmen Sie ein Stück Papier und schreiben Sie oben drei Fragen darauf, die Sie ihm stellen wollen, vor allem, wenn Sie das erste Mal ein Mitarbeitergespräch durchführen und das noch nie so konkret gemacht haben. Nicht, dass Sie zusammenkommen und Sie dann beginnen mit: „Ah, Herr Müller, wie geht es?" „Gut." „Ja, schön, dass es Ihnen gut geht, ähm ... wie fühlen Sie sich so in unserem Unternehmen?" „Gut." „Das freut mich sehr, dass Sie sich bei uns wohl fühlen. Tja, es ist bald Weihnachten und es gibt wieder Lohnerhöhung. Ich hoffe, Sie sind mit den Abschlüssen, die wir gemacht haben, zufrieden?" „Ja." „Ähm, tja, Herr Müller, vielleicht haben Sie noch Fragen?" „Nein." „Herr Müller, es hat mich sehr gefreut, es war ein schönes Gespräch. Ich bedanke mich herzlich. Wir haben uns ausgesprochen und verstanden."

Die Gefahr ist da, dass es relativ kurz wird, wenn man noch nie ein Gespräch geführt hat, und der andere auch nicht. Der Schlüssel ist: Durch kreative Fragen löse ich kreative Antworten aus. Wenn ich meine Tochter am Telefon frage: „Na, Vivian, wie geht es dir?", sagt sie immer „gut". Wenn ich sie frage: „Was hat dir heute am meisten Spaß gemacht?", dann muss sie nachdenken. Um irgendetwas zu sagen, ist sie gezwungen, zu überlegen, und dann fängt sie automatisch an zu erzählen.

Offene Fragen, um ein Gespräch anzufangen und etwas zu hören, um eine Plattform zu bieten, damit der andere sich wohl fühlt. Um sich selbst für die ersten Gespräche zu helfen, schreiben Sie drei gute Fragen auf. Es können auch mehr sein.

Ich tue das schon seit Jahren, und ich schreibe mir keine Fragen mehr auf, aber drei bis vier Punkte, die ich nicht vergessen und worüber ich reden möchte.

Je nachdem, wie Sie dazu stehen, würde ich Ihnen vorschlagen, für Ihre Mitarbeiter zu beten. Man bekommt dadurch eine bessere Perspektive und mehr Respekt.

Ich habe ein Männerbuch gelesen. Es ging darum, was gute Schuhe sind, welche Pfeife man raucht. Es gab einen ganzen Artikel über Zeitmanagement und Telefon. Man erfuhr lauter Tricks, um seine Zeit besser in den Griff zu bekommen. Mitten unter diesen Tipps stand: Beten Sie 15 Minuten pro Tag. Ich dachte, ich sehe nicht richtig ...

Ohne Zweifel gilt: Beten hat schon vielen geholfen und neue Perspektiven gezeigt. Es ist ein Weg, eine offene Haltung zu bewahren.

4. Einen Termin absprechen. Man muss schon mit dem anderen einen Termin machen und gut überlegen, wann ich dieses Treffen festsetze. Sorgen Sie immer dafür, dass am Ende nicht sofort ein nächster Termin kommt. Ein bisschen Luft dazwischen ist notwendig.

Intensive Durchführung

1. Die Begrüßung. Damit will ich nur sagen, dass man nicht gleich seine erste kreative Frage stellt, wenn der andere gerade hereinkommt. Zur Begrüßung gibt es ein paar Grundregeln: 90°, 60 cm und der Königsplatz.

90° bedeutet, ein entspanntes Gespräch ist immer über Eck. Wenn jemand gegenüber sitzt, muss er mich anschauen, er ist dazu gezwungen – oder er müsste seinen Kopf komisch wegdrehen.

Das ist sehr unangenehm. Wenn er über Eck sitzt, kann ich ihn anschauen, aber er muss mich nicht anschauen, und umgekehrt. Jeder kann auch so weiterreden. Niemand ist gezwungen, jemanden anzuschauen. Das ist ganz wichtig für die Entspannung der Leute. Sitzordnung also niemals gegenüber! Auch nicht gegenüber Ihres Schreibtisches. Es geht auch nicht, dass Sie sich auf den Schreibtisch setzen und der andere auf einem kleinen Stuhl Platz nimmt.

60 cm beträgt in Deutschland die so genannte Privatsphäre, 60 cm um einen herum. Wer da hineinkommt, der bedroht den anderen.

Das kann man nicht körperlich fühlen, aber emotional ist es zu nahe. Es gibt Leute, die kennen keinen Abstand, die kommen immer näher. Sie kennen das vielleicht, die stellen sich ganz nahe vor einen. Sie kennen keinen Abstand, sie haben es nicht gelernt.

Wenn jemand an einem Schreibtisch arbeitet und Sie mit demjenigen reden wollen, kommen Sie vielleicht einmal von hinten und lehnen sich an den Schreibtisch.

Das ist ein direkter Eingriff in seine Privatsphäre. Halten Sie den Abstand von 60 cm ein. Wenn ich jemand kenne, ist es etwas anderes.

Bei anderen Völkern ist es wieder etwas anderes. Italiener zum Beispiel: Wie oft berühren sich Deutsche, die sich gut kennen, in einem Gespräch? Zweimal geben sie sich sehr persönlich und respektvoll die Hand. Wie oft berühren sich Italiener in einem Gespräch über die gleiche Dauer? Sechzigmal durchschnittlich, auch im Geschäftlichen, wenn sie sich gut kennen und unter Männern sind.

Der Königsplatz. Es gibt in einem Raum immer einen Königsplatz, der ist auf jeden Fall mit dem Rücken zum Fenster und mit dem Gesicht zur Tür, damit man weiß, was passiert und den Fluchtweg offen hat. Niemand sitzt gerne mit dem Rücken zur Tür, das ist unangenehm.

Auf alle Fälle dürfen Sie als Gastgeber auch nicht mit dem Rücken zum Fenster sitzen. Wenn ich nämlich mit dem Rücken zum Fenster sitze, und jemand schaut mich an, dann sieht er mein Gesicht nicht gut. Manche Leute benutzen das. Wenn sie zum Beispiel einen Vertreter haben, setzen sie ihn mit dem Rücken zur Tür und sich selbst auf den Königsplatz. Das gibt ihnen ein Gefühl von Macht.

Aber wir reden hier nicht über Macht, sondern davon, einem Mitarbeiter zu dienen und ihm Entspannung zu bieten.

Ich möchte noch die Begrüßung erwähnen, für viele eine normale Form der Höflichkeit, aber wir dürfen sie nicht wegfallen lassen.

2. Kommen wir zur Übersicht. Ich persönlich finde es sinnvoll, am Anfang des Gespräches darüber zu reden. Ich frage erst den anderen, welche Punkte er gerne besprechen möchte, was ihm wichtig ist, auch wenn ich für mich schon ein paar Dinge notiert habe.

Anschließend nenne ich meine Themen, die mir wichtig sind. Dann stimmen wir uns ab, welche Themen wir durchsprechen wollen. Dabei ist es gut, erst seine Themen zu behandeln, sonst kann es passieren, dass meine Themen überhand nehmen, dass es ein Gespräch wird über Dinge, die ich haben will. Es ist ein Fördergespräch, damit der andere sich weiterentwickeln kann.

3. Dann frage ich nach, wie das letzte Jahr gelaufen ist, was gut war, was ihm Spaß gemacht, ihn motiviert hat, welche Ziele er erreicht hat und was er gelernt hat. Ich frage nach Dingen, die positiv sind.

4. Ich frage auch nach Dingen, die schwierig waren, und damit kommen wir zu den Verbesserungsvorschlägen und Zielen. Kommt Ihnen das irgendwie bekannt vor? Es ist ähnlich wie beim Teamtreffen, wenn wir eine Auswertung machen. Wir reflektieren darüber, was gut war. Es geht ja darum, meinem Mitarbeiter die Gelegenheit zu geben, von seinen Siegen zu erzählen. Das ist wichtig, denn er braucht eine positive Rückmeldung.

Er soll auch seine Fragen loswerden, er darf äußern, wo er etwas schwierig findet; dabei sollte er so viele Fragen wie möglich stellen, und ich sollte ihn ermutigen, Verbesserungsvorschläge zu machen.

5. Als nächstes sind Ziele zu verabreden. Was will er dieses Jahr konkret erreichen?

Ich möchte diese Ziele immer im Kontext von Effektivitätsüberlegungen sehen. Wie kann seine Arbeit, wie können seine Abläufe für uns effektiver werden?

Ziele sollten etwa im Bereich Weiterbildung liegen. Was will er für seine Weiterbildung tun? Wie will er sich weiterentwickeln?

Ziele sind auch Projektziele. Welche Projekte hat er vor Augen? Wie können Sie ihn bei der Durchführung unterstützen?

Der Rückblick führt automatisch zum Ausblick. Das muss nicht genau nach diesem Schema laufen, es ist nur eine Idee, ein Rahmen.

Jedes Gespräch hat seine eigene Dynamik. Vielleicht sind Sie schnell mit dem Rückblick durch. Es geht auch in erster Linie darum, wie es weitergeht, und dieser Rahmen soll helfen, Schritt für Schritt dort hinzukommen. Das war der Punkt Ausblick.

Fassen wir noch einmal alles zusammen: Gesprächspunkte aufschreiben, welche Ziele bereits erreicht sind, Frage stellen wie: „Was kann ich für Sie tun?", mich ihm zur Verfügung stellen, ihn noch erfolgreicher zu machen durch meine Unterstützung.

Gemeinsam wollen wir unser Unternehmen, unsere Gemeinde erfolgreich machen. Aber

6. „Was kann ich für dich tun?" ist natürlich eine gefährliche Frage. Jetzt könnte eine ganze Reihe von Dingen kommen, aber ich darf auch ehrlich sagen, was ich kann oder was ich nicht kann. Für uns selbst ist es ein gutes Training, ja oder nein sagen zu lernen.

Ich hatte einmal ein Gespräch mit einem großartigen Mann einer bedeutenden Organisation. Er war ungefähr in meinem Alter. Ich hatte ihn besucht, und wir hatten schon zu Abend gegessen. Schließlich fragte ich ihn: „Was kann ich für Sie tun?" Da schaute er mich an und bekam ganz dicke Tränen in die Augen. „Das kann ich jetzt nicht sagen. Sie sind der Erste in zehn Jahren, der mich das fragt." Eine starke Organisation, alles sieht gut aus, aber keiner fragt den Chef, was man für ihn tun kann.

Er ist auch nur ein Mensch. Diese Frage tut jedem gut. Natürlich nicht, um eine Person in Tränen ausbrechen zu lassen, sondern um offen deutlich zu machen: Ich will dich wirklich unterstützen.

7. Den Abschluss bildet dann Smalltalk. Wenn das Gespräch abgeschlossen ist, man alles gut durchgearbeitet hat, alles gut geordnet und aufgeschrieben hat, gibt es immer noch eine Zeit des gemütlichen Kaffeetrinkens und des lockeren Austausches. Beginne ich mit dem Smalltalk, ist es schwierig, ein Gesprächsthema dorthin zu führen, worüber ich sprechen will. Außerdem haben wir zu Beginn, beim Besprechen und Erarbeiten, die volle Konzentration. Am Ende ist die Luft vielleicht raus. Hinzu kommt der Zeitfaktor. Fange ich mit Smalltalk an, kann ich Schwierigkeiten bekommen, Themen richtig durchzusprechen. Ich müsste Fragen abwürgen, das Gespräch beenden, wenn es gerade schön im Gange ist.

Smalltalk ist auch mehr als ein nettes Anhängsel. Manchmal kann ich in dieser Zeit genausoviel Informationen bekommen wie in einer ganzen Stunde zuvor. Hier kann ich manchmal wichtige Insider-Infos erhalten.

Wieviel Zeit Ihr Mitarbeitergespräch dauert, hängt von den Mitarbeitern und von der Situation ab. Aber um eine grobe Angabe zu machen, würde ich etwa eineinhalb Stunden einplanen, wenn es dann etwas länger dauert, ist es auch nicht tragisch. Doch wenn Sie das Gefühl haben, es ist wichtig für Sie zu sagen, ich nehme den ganzen Nachmittag dafür frei, ist das auch in Ordnung. Nur ist bei vielen nach eineinhalb Stunden die Puste raus.

Ich hatte schon Mitarbeitergespräche von über drei Stunden. Das geht auch.

Vielleicht noch ein Tipp: Überfordern Sie sich nicht; fangen Sie mit zwei bis drei Personen an. Versuchen Sie nicht, mit allen zehn Mitarbeitern Gespräche zu führen. Versprechen Sie sich nicht zu viel davon am Anfang, sondern schauen Sie, wie es funktioniert und zu Ihnen passt.

Kundenorientierte Nacharbeit

Der erste Punkt der Nacharbeit ist:

1. Tun Sie, was Sie versprochen haben!

Das ist für I-Typen schwierig, weil sie erstens gerne viel versprechen, und dann zweitens keine Lust mehr haben, das zu organisieren. Aber das ist ganz wichtig. Wenn Sie in einem Gespräch etwas versprechen oder etwas anbieten, dann ist es schlecht, das zu vergessen. Vergessen Sie einige Male etwas, wirkt es noch lange nach. Deshalb tun Sie, was Sie versprochen haben.

Deshalb dürfen Sie das, was Sie versprochen haben, nicht auf Ihren Besprechungszettel schreiben, denn der verschwindet, und ein halbes Jahr später schauen Sie mal wieder darauf und denken: Oh, das wollte ich ja auch noch machen. Deswegen muss das auf eine to-do-Liste.

Ich erkläre kurz eine to-do-Liste: Es ist ein Stück Papier, in zwei Teile geteilt. Darauf schreibe ich alles, was ich zu tun habe. Dieses Papier kann in meinem Planungsbuch sein, es kann aber auch ein loses Stück Papier sein, völlig egal, aber es darf eben nur ein Stück Papier sein, nicht mehrere kleine Zettelchen.

Auf die eine Seite kommen all die Aufgaben, die wichtig, aber noch nicht dringlich sind. Das sind anstehende Dinge, die ich machen muss, die aber noch ein bisschen warten können; aber die müssen auch geschehen.

Die andere Spalte heißt dringlich, d.h. das muss (bald) passieren. Alles, was ich hier aufschreibe, muss echt schnell gemacht werden, diese Woche auf alle Fälle noch. Und dann schreibe ich auf: Ich muss das machen, ich muss den anrufen, einen Brief schreiben, dies organisieren, jenes regeln. Ich kann so auch planen, was etwa bis zum nächsten Monat noch auszuarbeiten und zu machen ist.

Ich schreibe auch private Dinge darauf, die mir einfallen, die ich noch erledigen muss, weil ich die versprochen habe. Und immer, wenn etwas Neues kommt, dann wird das darunter geschrieben, und wenn ich etwas erledigt habe, dann kann ich ein Kreuzchen machen. Wenn jetzt das ganze Ding voll ist, was mache ich dann? Dann muss ich ein neues Blatt nehmen und alles, was ich noch nicht gemacht habe, noch einmal aufschreiben. Das ist ärgerlich; das ist aber auch die einzige Möglichkeit gegen Aufschieberitis: Mich nochmals zu quälen, indem ich erneut aufschreibe, was ich eigentlich hätte machen wollen. Und wenn ich Pech habe, ist der nächste Zettel schon fast voll. Wenn ich das aufschreibe, dann merke ich, dass ich nicht gut mit meiner Zeit umgehe und ganz viele Dinge machen sollte, sie aber nicht mache.

Es gab mal eine Zeit, in der ich viel Stress hatte; da habe ich mich abends um 22.00 Uhr hingesetzt und bis morgens um 3.00 Uhr gearbeitet. Ich war fertig, aber dadurch war dann vieles weg. Es ging nicht mehr anders, und es gibt ja solche Chaotenzeiten.

Es kostet mich nichts, mit dem to-do-Zettel zu arbeiten und konsequent dranzubleiben. Es ist eine der besten und anerkanntesten Methoden, seine Zeit unterzubringen.

Manche schreiben alles auf einen Block zum Abreißen. Da stehen 1000 Dinge drauf, es gibt überall gelbe Klebezettel. Sie haben vielleicht auch ein Zeitplanbuch mit Listen, mit Einkaufslisten etc., überall gibt es Listen; und irgendwann denken sie: Mit der Zeit erledigt sich vieles von selbst, aber das ist ein ständiger Eiertanz.

Mit diesem einen Zettel sage ich: Das ist meine Zeit, meine Aufgabe, ich schreibe sie auf.

Letztens habe ich mit einem gesprochen, der hat das am Computer gemacht. (Ich habe das übrigens auch mal ein Jahr lang an meinem Laptop gemacht.) Er sagte: Damit habe ich aufgehört, denn im Computer wird das einfach immer übertragen und jeden Tag kommt die neue Liste wieder. Es wird zwar immer länger, was ich noch nicht gemacht habe, aber ich muss das nie neu schreiben.

Manche Sachen laufen Monate mit, und das ist kein Problem.

Man soll keinen Krampf daraus machen, aber es ist ein gewisser notwendiger Leidensdruck, der sich hierbei einstellt.

Ich sehe, was ich tue – und das jede Woche; denn so ein Zettel reicht maximal eine Woche.

Ein Punkt vielleicht noch zur Nacharbeit:

2. Versuchen Sie, Marsmännchen zu spielen. Das habe ich schon einmal gesagt.

Sensibel sein für Informationen, die für meinen Mitarbeiter wichtig sind, Bücher, die ihm weiterhelfen können, Zeitschriften, die ihn interessieren könnten, Filme, die ich sehe und ihm empfehle. Ich muss nicht jeden Tag an meinen Mitarbeiter denken, aber ich sollte ihn im Hinterkopf behalten.

Ich habe drei bis fünf Mitarbeiter, und ich kenne sie. Wenn ich etwas lese, dann denke ich: Könnte das für sie interessant sein? Führungskräfte, die andere wirklich fördern, denken häufig so. Sie lesen etwas und denken: Das wäre für sie gut.

Sie sagen sich: Da mache ich eben eine Kopie und gebe das weiter.

Oder Sie spielen Marsmännchen im Blick auf förderliche Kontakte.

Als Führungskraft kann ich meinen Mitarbeitern hilfreiche Kontakte vermitteln, und dafür sollte ich offen sein. Oder ich mache eine Reise zu einer Konferenz, und weil ich wie ein Marsmännchen denke, merke ich, dass es wichtig wäre, wenn meine Mitarbeiter mitgehen, und weil ich daran denke, nehme ich einen mit.

Das alles gehört zum Themenkreis Mitarbeitergespräche.

Vorrangiges und bleibendes Ziel ist, anderen zum Erfolg zu verhelfen, denn ein erfolgreicher Manager ist erfolgreich durch den Erfolg seiner Mitarbeiter.

Ich muss mich also jeweils gut vorbereiten und einstellen auf das Gespräch, den äußeren Rahmen gestalten, einen geeigneten Ort ausfindig machen und mir wirklich Zeit nehmen, mich auch innerlich darauf auszurichten.

Die Durchführung muss stimmig sein, die Begrüßung, das gemeinsame Durcharbeiten; die Zeit für Smalltalk sollte mit einkalkuliert werden, nicht zu vergessen die Nacharbeit mit der Grundregel zu tun, was man versprochen hat.

Als kleine Ermutigung: Wenn Sie es schaffen, Mitarbeitergespräche konsequent einzuführen, dann gehören Sie zu der Elite in Deutschland.

Es ist ja traurig: 70 % aller Unternehmen wissen, dass das zur normalen Führungstätigkeit gehört. Mitarbeitergespräche sind normal im Führungsbereich. 70 % der Unternehmen wissen das, doch in der Größenordnung unter 1000 Mitarbeitern führen nur 2 % aller Unternehmen tatsächlich Mitarbeitergespräche, in Konzernen mit über 1000 Angestellten führen nur 12 % aller Unternehmen Mitarbeitergespräche (Stand 1997).

Wenn Sie hier also aktiv werden, gehören Sie zur Elite.

Interessant dabei erscheint mir folgender Aspekt: Etwas, von dem wir wissen, dass es absolut notwendig und effizienzsteigernd ist, dazu einfach, aber zeitintensiv, wird doch nicht umgesetzt. Es gibt Unternehmer und Führungskräfte, die hier aktiv sind, das ist keine Frage, aber es sind wenige.

Bei einem Hersteller für Roboterarme führten wir einmal ein zweitägiges Mitarbeiterseminar mit sieben Meistern durch. Eines der behandelten Themen war „Mitarbeitergespräche führen". Ein halbes Jahr später hatten wir ein Kontrollseminar. Wir wollten wissen: Was war bis jetzt gelaufen? Im Gespräch sagte einer der Meister: „Ich muss ganz ehrlich sagen: Das Seminar hatte mir sehr gut gefallen, aber ich dachte, die Sache mit den Mitarbeitergesprächen wäre nichts für mich. Ich ging damals zu meinen Jungs und das Erste, was sie mich fragten, war: ‚Na, wie war denn dein Managementseminar?' Dann habe ich ihnen im Spaß gesagt, dass ich es lustig fände, jetzt Mitarbeitergespräche mit ihnen zu führen. Komischerweise fanden die das gut, und einer wollte sofort ein solches Gespräch haben. Ich sagte nur, das könnten wir irgendwann mal machen, und habe das Projekt auf die lange Bank geschoben in der Hoffnung, dass sich das Thema im Sande verlaufen würde."

Der andere kam immer wieder mit der gleichen Bitte, er wolle ein Mitarbeitergespräch haben. Schließlich nahm sich der Meister dann doch mal 20 Minuten Zeit, in der Kantine, wo jeder dabei ist, wo es nicht so peinlich ist. Aus den 20 Minuten wurden schließlich zweieinhalb Stunden, und das Ergebnis war: Beide waren begeistert. Der Meister und der Mitarbeiter. Das Resultat überzeugte den Meister. Er hatte vorher einfach Angst gehabt.

So etwas hören wir bei fast jedem Unternehmen, dass sich Leute das nicht vorstellen können und es deswegen nicht machen. Wenn Sie es machen, dann kommt etwas Großartiges dabei heraus, und dann ist der Damm gebrochen und Sie haben die Hürde genommen. Deswegen lade ich Sie herzlich ein, loszulegen. Am Besten wäre, wenn Sie nächste Woche einen Termin mit einem Mitarbeiter machen würden, dann lassen Sie das Aufschieben hinter sich. Sie können den Termin zwar auch in drei Monaten ausmachen, dann erzielen Sie einen gewissen Aufschub der Exekution, aber seien Sie doch einfach mal mutig und versuchen, nächste Woche einen Termin zu machen. Bringen Sie sich selbst in Bewegung und setzen Sie das Erkannte gleich um.

Belohnen von Mitarbeitern

Warum sollte man seine Mitarbeiter belohnen, wenn sie doch bezahlt werden? Welchen Grund gibt es für eine Mitarbeiterbelohnung?

Die Begründung lautet schlicht und einfach: Um sie zu motivieren.

In Österreich wurde eine Untersuchung darüber durchgeführt, wie lange Leute motiviert sind, wenn sie eine spürbare Lohnerhöhung bekommen. Nicht nur 1%, sondern etwas, was sie richtig spüren. Wie lange hält die Motivation an? Was meinen Sie?

Zwei Wochen! Nach schlappen zwei Wochen ist das den Leuten bereits nicht mehr präsent, einfach wie weggeblasen. Das ist sicher der Normalfall. Also, Geld motiviert nur sehr begrenzt, kein Geld motiviert natürlich auch nicht, aber mehr Geld ist sehr begrenzt motivierend. Ihre Leute arbeiten für sich, für ihren Job, für ihre Zukunft. Sie arbeiten für das Unternehmen. Das

Unternehmen bezahlt die Mitarbeiter. Sie bezahlen sie ja nicht, das Unternehmen bezahlt sie; aber diese Mitarbeiter bringen ihre Leistung immer auch für Sie. Das ist ein ganz wichtiger Punkt.

Das muss uns erst einmal im Kopf klar sein. Die Leute arbeiten nicht nur für sich, nicht nur fürs Unternehmen, sie arbeiten auch für mich. Indem sie für mich arbeiten, werde ich auch erfolgreich in dem, was ich mache. Ich erreiche meine Ziele durch sie, und wenn sie mich gerne mögen, dann arbeiten sie deutlich auch für mich, sie unterstützen mich. Und wenn das so ist, dann ist es normal, dass ich Dankbarkeit ausdrücke. Das ist nicht nur eine Sache der Höflichkeit, sondern das ist eine Sache von guter zwischenmenschlicher Kommunikation. Wenn jemand etwas für mich tut, dann bedanke ich mich dafür. Es macht das Leben schön, wenn Menschen höflich und dankbar zueinander sind.

Wenn ich eine Kultur der Wertschätzung untereinander und von Dankbarkeit und Kreativität, Freiheit gut miteinander zu kommunizieren prägen will, dann muss ich anfangen zu belohnen. Man belohnt durch wertschätzende Worte, aber Symbole prägen noch mehr. Ein Bild sagt bekanntlich mehr als 1000 Worte. Eine Belohnung ist ein Bild, ein Geschenk oder ein Dankeschön, es ist nie nur ein Wort.

Durch Symbole präge ich Kultur. Ich präge auch Kultur, wenn ich nicht belohne. Ich präge immer irgendwie und in viele Richtungen. Wenn man das berühmte Kommunikationsgesetz von Paul Watzlawick (Man kann nicht nicht kommunizieren) hier anwenden möchte, könnte man sagen: Man kann nicht nicht prägen. Ob Sie aktiv durch konkrete Gesten und Maßnahmen prägen, oder ob Sie es tun, indem Sie etwas Wichtiges auslassen – in beiden Fällen prägen Sie die Firmenkultur mit. Prägen Sie die Firmenkultur durch Ihre Person positiv!

Das sollte Ihnen immer vor Augen stehen, dass Ihr Leben Kultur prägt.

Für mich gehört diese Prägekraft zur Führungspersönlichkeit wesentlich mit dazu. Als Führungskraft bin ich ein Mensch, der Autorität ausübt – und ich präge das Autoritätsbild eines Menschen. Der hatte vielleicht einen Vater und eine Mutter, die wiederum sein Autoritätsbild geprägt haben. Oder er kannte einen Lehrer, der weiterhin sein Autoritätsbild geprägt hat; jetzt hat er einen Chef, der heute sehr stark sein Autoritätsbild beeinflusst. Das Autoritätsbild, das ein Mensch hat, ist übrigens direkt verbunden mit seinem Gottesbild.

Wie jemand Autoritäten sieht, so ist für ihn auch Gott. Entweder er ist ganz weit weg und schrecklich, oder aber ganz nahe und „in Ordnung". Als Führungskraft präge ich das Autoritätsbild. Wenn jemand ein antiautoritäres Bild in sich trägt, dann wird er auch nie mit Autorität gesund umgehen können. Autorität ist ja eigentlich gedacht, um zu dienen. Jesus Christus sagt, wer leiten will, muss Diener werden. Nicht, um andere auszunutzen, das wäre sicher das falsche Bild, sondern um sie zu fördern und ihnen auf ihrem Weg Begleiter zu sein.

Hier gilt es zu beachten:

Wir prägen durch belohnen, durch Großzügigkeit.

Ein weiterer Punkt: Ermutige „Tortenmenschen". Es gibt Torten- und Keksmenschen. *Keksmenschen* achten bei Tisch immer darauf, dass niemand mehr bekommt als einen Keks. Sie sind immer damit beschäftigt, dass niemand mehr bekommt, dass alles richtig verteilt ist. Sie sind immer dabei, sich zu vergleichen.

Tortenmenschen sagen: „Komm, nimm dir doch noch ein zweites Stück Torte, ich nehme drei." Sie sind großzügig im Austeilen, weil sie keine Angst haben, dass der Kuchen alle wird. Sie haben auch keine Angst, dass jemand besser ist. Sie haben Freude daran, wenn jemand sich weiterentwickelt.

Großzügigkeit hat übrigens nichts mit Geld zu tun, sondern mit dem Herzen.

Die großzügige Art zu belohnen offenbart den Tortenmenschen, minimale Belohnung dagegen zeigt eine gewisse Keksmentalität.

Ideen und neue Gedanken zu belohnen ist weniger eine Möglichkeit als eine Aufgabe. Sie gehört zum Führen dazu.

Dankbarkeit auszusprechen kann im Stillen geschehen, im Einzelgespräch, dies kann aber auch im Rahmen einer Tischrede geschehen.

Früher konnte man das, heute hat man das vergessen. Wir müssen wieder neu lernen, wirklich Dankeschön zu sagen.

Eine gute Möglichkeit kann auch eine Karte sein. „Herr Maier, vielen Dank für den Einsatz, es ist alles ganz toll gelaufen und ich möchte Ihnen das einmal kurz sagen."

Mitarbeiter behalten solche Karten manchmal ihr Leben lang, weil sie zu wenig davon bekommen, weil es vergessen worden ist, das zu tun, aber eigentlich ist es eine Normalität. In Ländern wie Dänemark ist es schon fast ein bisschen zu stark ausgeprägt, diese Kultur des Dankens. Wenn man da zum Abendessen eingeladen ist, geht man hin und muss am nächsten Tag anrufen und sagen, wie schön es war.

Mein Partner, der selbst Geschäftsführer eines Unternehmens in Holland ist, hat 1200 Mitarbeiter. Sie haben 60 Manager, und für alle 60 hat er ein Buch gekauft und eine Karte geschrieben. Ich glaube, er hat zwei Tage daran gearbeitet, aber sie haben ihn angerufen und Karten geschickt. Sie waren wirklich sehr begeistert, manche haben angerufen und gesagt, dass ihnen so etwas in den letzten zehn Jahren nicht passiert sei. Er war gerade ein Jahr da und hat vieles neu gestaltet und positiv aufgewühlt. Die Leute sagen: Jetzt haben wir wieder eine Chance, eine gute Kultur zu entwickeln. Und das nur wegen dieser Kärtchen . . .

Dankbarkeit ist ein wichtiger Punkt, denn Dankbarkeit geschieht so selten.

Für Geschenke gilt: lieber klein, aber fein. Ein Geschenk ist ein Zeichen. Wenn ich jemandem ein Geschenk gebe, dann überlegt der Empfänger unwillkürlich: Der hat darüber nachgedacht, was er mir geben kann, dann ist er hingegangen, um das zu suchen, hat es ausgesucht, bezahlt, eingepackt und eine Karte geschrieben – und jetzt schenkt er es mir. Das sind sieben Aktionen, die zusammen in einem Geschenk sitzen. Das macht ein Geschenk toll. Ein Geschenk zeigt: Der hat an mich gedacht. Schon allein der Zeitaufwand macht ein Geschenk sehr wertvoll. Es ist ein Zeichen von Dankbarkeit und eine echte Belohnung. Wenn es eine persönliche Note hat, kann es auch bei 40 Leuten für alle das Gleiche sein.

Vor einigen Jahren hatte ich eine Konferenz mit 100 Teilnehmern auszurichten. Wir haben in der Küche gearbeitet und richtig geschuftet. Dann kam der große Abschluss, man hat freundlicherweise die Küchenleute nach vorne gebeten, es gab Applaus und für die Küchenchefin einen Strauß Blumen. Dann sind sie alle wieder schnell hinter den Kulissen verschwunden und haben weitergespült. Da dachte ich: Irgendwie ist das nicht o. k. Das ist so typisch abserviert. Ich bin zu ihnen in die Küche gegangen und habe gesagt: „Montag abend 20.00 Uhr seid ihr alle herzlich eingeladen, zieht euch schick an, kommt mit Autos vor meine Tür, wir gehen weg." Sie waren begeistert. Am Montag bin ich in die Stadt gegangen, habe gelbe Rosen gekauft und habe sie alle einzeln einpacken lassen. Die Floristen im Blumenladen fanden das nicht so lustig, immer eine Rose, etwas Grün . . . und alles schön eingepackt. Dann habe ich für alle ein persönliches Kärtchen geschrieben und alles in eine große Plastiktüte gepackt. Dann sind wir Montagabend vor der Haustür in unsere Autos gestiegen und auf den Fernsehturm gefahren. Der Fernsehturm in Dortmund ist ein bisschen teuer. Ich habe daher auch kein Essen bestellt, das hätte ich gar nicht bezahlen können, aber das Restaurant dreht sich da oben, und das ist der eigentliche Kick. Ich habe Tische bestellt und gesagt: wir kommen, um ein Dessert zu essen. Sie waren begeistert; und dann habe ich gesagt: „Ich lade euch ein, ihr dürft Getränke und ein nettes Dessert bestellen." Ich habe eine kurze Rede gehalten und allen die Rose gegeben; das war es.

Heute noch begegne ich Leuten, die sagen: „Die gelbe Rose, weißt du noch?" Das war 1983. Das war nicht teuer, das war nicht viel, aber es war ein Dankeschön aus tiefem Herzen. Es geht klein, aber fein. Und die besten Geschenke sind eigentlich „sinnlose" Geschenke, sinnlos, aber schön.

Dass man Frauen Schnittblumen mitbringt, ist völlig unlogisch. Sie gehen in einer Woche kaputt, und für das gleiche Geld bekommt man eine schöne Topfpflanze. Die hält oft Monate oder gar Jahre. Schnittblumen sind irgendwo „sinnlos" – und gerade das macht sie zu einem schönen Geschenk. Es ist etwas Großzügiges darinnen.

Bei Aldi zum Beispiel gibt es Parfüm für 2,80 oder 3,20 DM, aber wir kaufen für 48,50 DM einen bestimmten Duft, der genauso verfliegt wie der von Aldi. Er ist auch nicht besser, hat nur einen anderen Namen. Natürlich, er duftet auch anders, aber der wichtigste Unterschied ist das Drumherum. Geschenke sollen nicht auf jeden Fall sinnvoll sein, es sollen nicht in erster Linie Dinge sein, die der andere braucht. Die kauft er sich schon selber. Geschenke gehen darüber hinaus. Es gibt so viele Dinge, die „sinnlos teuer" sind im Vergleich mit anderen Produkten, und die gerade deshalb eine Art Luxus, Großzügigkeit und auch Liebe des Schenkenden offenbaren.

Ein Beispiel: Ein Freund von mir hat ein Unternehmen. Sein Personalchef informiert ihn immer, wer von seinen 120 Mitarbeitern gerade Geburtstag hat. Wenn jemand Geburtstag hat, geht der Chef immer an seinen Schrank, nimmt eine Tafel Schokolade heraus, geht dann an der Personalabteilung vorbei und nimmt noch ein Kärtchen mit, das sie schon geschrieben haben – und macht sich auf den Weg zum Mitarbeiter, der Geburtstag hat. Das macht er seit Jahren so. Die Leute haben sich darüber lustig gemacht. Sie fanden es zwar nett, dass er persönlich kam, aber das war kein Geschenk. Wir haben dann überlegt, was er ändern könnte bei fast gleich bleibendem Aufwand. Unser Vorschlag war: Warum kauft er nicht für alle das gleiche Geschenk in jeweils einem Jahr, aber jedes Jahr ein neues! Das fand er sinnvoll und attraktiv. Er holte sich nun Anregungen aus Katalogen. Im ersten Jahr hat er kleine Taschenmesser ausgesucht; ich habe selbst so eins bekommen. Er hat schöne Päckchen machen lassen für den Betrieb, und immer, wenn einer Geburtstag hatte, hat er dem jeweiligen Mitarbeiter, der gerade Geburtstag hatte, das geschenkt, allen 120 Leuten. Das Jahr darauf hat er ihnen eine kleine Taschenlampe geschenkt, auch nur ein kleines Präsent. Jetzt sind sie jedes Jahr gespannt, was wohl nächstes Jahr kommen wird. Verstehen Sie? Er hat jetzt mehr Liebe investiert, als Jahr für Jahr eine Tafel Schokolade zu verschenken.

Machen Sie etwas mit einer individuellen Note; es darf ruhig klein sein, aber denken Sie daran, dass die Mitarbeiter für Sie arbeiten.

Warum sollte man nicht mal die Leute in der Gemeinde, die immer mit den Kindern arbeiten, nach vorne holen und jedem einen schönen Blumenstrauß geben?

Es kostet Geld, doch was die Leute investieren, ist damit gar nicht zu vergleichen.

Können Sie sich vorstellen, das umzusetzen? Ich möchte Ihnen viel Mut machen und Sie motivieren. Es wird Ihr Niveau von Führung anheben, allein schon durch das Belohnen, durch die Wertschätzung, die die Leute erfahren. *Ich sage ja damit, dass mir die Mitarbeiter wichtig sind und ich mich gerne für sie investiere*. Das motiviert Mitarbeiter, ihre Arbeit mit Leidenschaft zu tun; und mit so einer Form der Wertschätzung prägen Sie Ihre Unternehmenskultur positiv.

5. Tipps für kommenden Montag . . .

Jemand hat mal gesagt: „ Was du innerhalb von 72 Stunden nicht anfängst, in der Praxis umzusetzen, wirst du vermutlich nie mehr angehen." Aus diesem Grund folgen hier fünf kleine Umsetzungs-Ideen.

Tipp 1: Vereinbaren Sie mit einem Mitarbeiter einen Termin für ein Mitarbeitergespräch.

Tipp 2: Schreiben Sie über drei Personen (Mitarbeiter oder Freunde) in drei Wochen jeweils 10 bis 20 Dinge auf, die Sie an Stärken, Möglichkeiten, Ideen sehen. Wenn Sie das schaffen, ist das ein guter Einstieg und ein erster Erfolg.

Tipp 3: Belohnen Sie Ihren Partner, Ihre Kinder oder Freunde. Fangen Sie im privaten Umfeld mit dem Belohnen an. Üben Sie sich in dieser Tugend.

Tipp 4: Beten Sie für Ihre Mitarbeiter. Beten ist auf jeden Fall eine gute Angelegenheit, es bewirkt oft Wunder; und andere segnen kann jeder. Das ist alle Mühe wert.

Tipp 5: Füllen Sie den Kompetenzworkshop in diesem Buch selbst aus und bitten Sie einen Freund oder Mentor, das auch über Sie zu tun. Entwickeln Sie dann gemeinsam einen Aktionsplan.

Bücher für die Praxis

Bücher, die ich gerne empfehle und aus denen einige Grunderkenntnisse unseres Prozesses stammen:

- John Withmore, „Coaching für die Praxis" – Campus – Frankfurt 1994
- Kenneth Blanchard, „Der Minuten-Manager" – Rowohlt – Hamburg 2000
- Kenneth Blanchard, „Der Minuten-Manager: Führungsstile"
- Kenneth Blanchard, „Der Minuten-Manager und Klammeraffe" – Rowohlt – Hamburg 2001
- Burt Nanus, „Visionäre Führung" – Campus – Frankfurt 1994
- Romano Guardini, „Das Ende der Neuzeit und die Macht" – Grünewald
- Lothar J. Seiwert / Friedbert Gay, „Das 1 x 1 der Persönlichkeit" – Gabal – Offenbach 1996
- Rainer Wälde, „Die neue Farb- und Stilberatung" – Schulte & Gerth – Asslar 2000
- Paul Ch. Donders, „Kreative Lebensplanung" – Schulte & Gerth – Asslar 2001